CW00550596

italian
panorama
italiano

INDICE

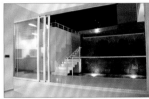

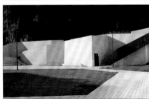

Mediazioni d'architettura

di Francesco Pagliari

La sezione d'architettura on-line "Panorama italiano" si trasforma in un volume cartaceo: un percorso non in contraddizione con la natura flessibile e scattante della comunicazione elettronica, ma semplicemente un altro cammino, un'idea di "stabilizzazione", per costituire un punto fermo che segna una fase dell'indagine, quella iniziale, come quando nell'intraprendere una spedizione geografica si cerca di rammentare se tutto è ben congegnato. Un viaggio nell'architettura, per trovare nelle realizzazioni i luoghi dell'elaborazione progettuale, i luoghi della ricerca, i luoghi in cui si interpretano le differenti realtà delle città e dei territori in Italia. Percorrere le parole, i disegni di progetto e gli schizzi concettuali, le immagini fotografiche, per enucleare temi e forme, per narrare di una capacità progettuale che sa intrecciare le esigenze del rinnovamento con le esigenze della costruzione attenta: interrogare la realtà, nel segno dell'identità multipolare dell'architettura italiana; contribuire nel concreto alla stratificazione delle architetture nelle città e nel paesaggio, nell'intento di costruire ed aggiungere valori. Tracciare un percorso, attraverso progetti che propongono testimonianze effettive, idee ed anche tentativi sperimentali: si potranno verificare forme di vitalità nell'architettura italiana e condividerne le istanze, in questo itinerario che si viene ad allestire per gradi, di volta in volta, in una scelta che, senza ambire a formalizzare dimostrazioni "more geometrico" di teoremi, possa indicare stati, condizioni, opinioni e moderate certezze. Una certezza, su tutte: che nell'accrescersi esponenziale della comunicazione d'architettura sia ancora necessario esprimersi, e procedere a distinguere, interpretare, fornire degli strumenti ulteriori di approfondimento, per rendere palese la complessità del fare e sezionare la molteplicità del reale. Le soluzioni architettoniche cristallizzano, all'interno di un ventaglio di potenzialità, dati, tecniche ed orientamenti per oggetti che misurano geometrie ed espressioni. Residenze urbane e periurbane, edifici a funzione pubblica, architetture per la cultura, variegate composizioni per costruzioni ad uffici, luoghi dell'attività amministrativa, complessi residenziali d'impronta e funzione pubblica, percorsi urbani d'architettura, edifici per attività commerciali. Campi d'intervento in cui leggere una manifesta vitalità, nei fatti, del progetto. La sequenza di casi, secondo l'ordine cronologico di pubblicazione nel sito, fa interloquire liberamente le architetture, le realizzazioni in situazioni differenziate, presentando, nel susseguirsi del percorso, una mediazione conoscitiva per scoprire nodi e modalità della ricerca.

La qualità di puri mezzi architettonici, le geometrie d'eleganza nella composizione dei volumi e negli spazi interni appaiono nella casa De Luca progettata da Ada Mangano, in una situazione ambientale assimilabile ad un'idea di "solitudine", con un terreno aperto a supporto della valorizzazione per l'edificio, che si conferma attraverso il rigore compositivo degli schizzi concettuali, e nelle immagini fotografiche prevalentemente in bianco e nero, un'ulteriore raffinatezza. Abitazioni nella cortina edilizia, come la prova d'architettura di Gianni Ingardia: nella casa Flores seleziona un linguaggio deciso e denso per il fronte verso strada, mentre gli interni sono condotti nell'intreccio di passaggi, sovrapposizioni ed accenti, con spazi a doppia altezza e la direzionalità verso la corte sul retro dell'edificio, i suoi volumi d'aria e il velo d'acqua a discendere dalla parete di fondo rivestita in ardesia, formando un piccolo bacino. Complessi abitativi, che traguardano ed incorniciano cielo e nuvole, radicandosi al terreno con preziose composizioni per le facciate e intreccio di materiali, come a Castelvetrano, nel Palazzo Deca progettato da Orazio La Monaca; complessi residenziali in cui l'obiettivo di un basso consumo energetico diviene materia a pieno titolo architettonica nell'elaborazione progettuale per la sostituzione innovativa di edifici esistenti

Architecture as Mediation

by Francesco Pagliari

"Italian Panorama" the on-line architecture review can quite logically become a hardback edition. A counterpoint to the immediacy and flexibility of the original electronic format, a paper edition becomes a fixed point in time, marking the outset of the journey into the work of contemporary Italian architects - a bit like a checklist before starting out on a geographical expedition. Our architectural checklist shows what is currently being achieved, and where, the direction architectural research seems to have taken, and the areas of the country undergoing development. Bringing together the descriptions, project plans, sketches and photographs on paper reveals underlying themes and forms. It evidences contemporary architects' ability to blend a new approach to architecture with attention to context. It shows that despite a wide range of styles, Italian architecture is fully aware of its mission to add value to the stratified fabric of cities and countryside. It identifies threads, however tenuous, running through projects, ideas and experiments, and reveals a vitality that takes a variety of forms. Although eschewing "ad more geometrico" demonstrations of unequivocal trends, we can clearly make out particular mindsets, conditions, opinions and values that are held with moderate certainty. An undeniable certitude is that despite the exponential growth of communication about architecture, there is still an underlying need to interpret, investigate and elucidate the complex task of bringing a concrete project into existence in the real world. Architectural solutions crystallize into real-life shapes out of myriad possibilities, techniques and approaches. The review shows they span a vast range: urban and suburban residences, public function buildings, cultural facilities, office and administrative buildings, social housing projects, urban architectural projects and commercial structures. Published here in the order in which the projects appeared on the website, their random juxtaposition stimulates us to compare differences and attempt to pick out key features that might bind together such a variegated array of Italian architectural production.

The De Luca detached house designed by Ada Mangano is an example of pure architectural geometries giving rise to a series of interlocking volumes whose unadorned elegance sits well with the "solitude" of this building standing in an open plot. Already clearly visible in the initial sketches, this striking building is beautifully captured by the mainly black and white photographs. For his Casa Flores, Gianni Ingardia chose a dense, assertive frontage that nonetheless blends well with the rest of the street curtain. Inside, a series of passages and overlapping volumes produce a weave of double height volumes all directed towards the court whose slate-clad back wall is continually washed by a water curtain that collects in a small pool at the bottom.

The apartment block called Palazzo Deca in Castelvetrano designed by Orazio La Monaca stands solidly rooted in the ground, its assertive silhouette framed against the Sicilian sky, its mass relieved by the use of different materials and the variegated composition of its façades. Giorgio Volpe's project in Bologna to replace an existing residential complex with new energy-efficient buildings can justifiably lay claim to the status of architecture. Likewise the residential block in Cesena built to a project by Filippo Tisselli, Cinzia Mondello, and Filippo Tombaccini is an example of well balanced, linear design emphasized by a series of recessed balconies that gives way to a highly articulated interior. Echoes of Puglia's rural architecture tradition can clearly be seen in the modern holiday home near Lecce designed by Matteo Facchinelli. Massive outer walls lead to interiors that in contrast are spacious and airy. Simple materials fashioned in square and rounded geometries combine efficient

(progetto di Giorgio Volpe a Bologna); la serrata composizione dell'edificio residenziale a Cesena (progetto di Filippo Tisselli, Cinzia Mondello, Filippo Tombaccini) racconta di un'architettura equilibrata ed articolata all'interno di una sagoma relativamente lineare, che dispone logge al filo di facciata e assorbe all'interno gli spazi abitativi. La volontà di rielaborare le tracce significative dell'abitare rurale in Puglia diviene indice di consapevole progetto moderno per la casa di vacanze nella campagna leccese (progetto di Matteo Facchinelli), con massiccia muratura per l'esterno e leggerezza negli interni; la volontà di "progetto d'architettura" appare nella casa a Schio (progetto di Diego Peruzzo e Loris Preto), nella combinazione di volumi squadrati e arrotondati che confluiscono nella sobria ed efficace composizione degli spazi interni, contrassegnati dai materiali semplici. Residenze a villa, in provincia: l'inventiva compenetrazione di rigorosa geometria di fondo ed interludi di tasselli ispirati ad una concezione "barocca" si diffonde nella villa a Piadena (Giorgio Palù e Michele Bianchi, studio Arkpabi), fra luminose interruzioni vetrate nel corpo dell'edificio, sorprendenti scorci a relazionare interni ed esterni, cornici e tagli non rettilinei. Traguardare l'orizzonte marino nella molteplicità di punti di vista diviene chiave compositiva nel progetto di Marco Ciarlo per la residenza nella Riviera ligure di Ponente: scalare il declivio sul mare nella relazione fra muri a secco con volumi distinti che formano paesaggio con discrezione, conformare la zona di soggiorno in un continuum di spazi che si allungano verso l'orizzonte aperto. Restaurare e trasformare un edificio rurale: lettura degli elementi antichi prioritari, chiarezza del progetto contemporaneo dello studio Caprioglio, che aggiunge volumi rivestiti in doghe di legno per l'ampliamento funzionale, elaborando per l'espansione della zona soggiorno un suggestivo spazio interno segnato dalla grande altezza e dalla scala metallica. Intersezioni di volumi e spazi dinamici, nella doppia residenza in provincia di Bologna, progettata dallo studio Diverserighe: la ricerca architettonica narra di fronti scavati, di ambienti interni dal respiro verticale, di tagli di finestre verticali ed orizzontali per segmentare scenograficamente la luce, nell'equilibrio delle condizioni abitative per gli alloggi. Il complesso residenziale d'edilizia pubblica in provincia di Treviso, progetto di Matteo Thun, indirizza trasformazioni innovative: nel blocco edilizio si riprendono tipologie tradizionali modernamente intese, scala unica d'accesso in legno, distribuzione a ballatoi, piante razionali degli alloggi; si usa ampiamente la prefabbricazione in legno per gli elementi strutturali e i tamponamenti dei piani superiori; uno schermo esterno in listelli di legno alleggerisce il volume. L'obiettivo di configurare relazioni urbane per il complesso di residenze universitarie a Tor Vergata, progetto di Marco Tamino - Ingenium Real Estate, si esplicita raggruppando gli edifici in schemi a corte, sviluppando connessioni spaziali, identificando per gli edifici una matrice comune che si diversifica per materiali e colori, innestando forme sostitutive di stratificazione urbana. Il complesso ad Azzate, progetto di Park Associati, elabora un articolato inserimento nel sito: due blocchi, incernierati su una piastra commerciale, seguono il dislivello collinare del terreno, orientano un fronte privilegiato sul paesaggio della campagna, variano la conformazione dei prospetti nell'opposizione di convessità e concavità e nella frammentazione dei materiali.

Edifici pubblici e a funzione pubblica, luoghi e percorsi aprono un ventaglio di indicazioni, in un'ampia connotazione, fra istanze del recupero e della trasformazione ed istanze della qualificazione esemplare delle architetture. L'ampliamento dell'ex Teatro civico a Trino Vercellese, progetto Benedetto Camerana & Partners, tesse intrecci di materie e spazi: l'intrico regolare di lamine di acciaio Cor-ten allacciate su montanti in acciaio riveste la nuova facciata a vetrata continua, in un segno dichiarativo di rinnovo e contemporaneità; negli interni l'antica sala teatrale si svuota, rendendo evidente l'inserimento di tre "scatole vetrate" abitabili che si aggrappano ad una struttura di sostegno in acciaio. La rappresentatività della nuova sede per l'Autorità Portuale di Ravenna, progetto di Sardellini Marasca Architetti, si esprime nella configurazione di un edificio con un massiccio basamento in pietra, nel fitto tessuto di mattoni a vista per l'involucro, nel percorso pubblico che lo attraversa formando una piazza urbana interna. Altrettanto significativa e simbolica, la nuova sede per il municipio di Castelvetrano (opera del gruppo di progetto Giunta, La Monaca, Tilotta, Titone) rilegge caratteri storici

interior spatial distribution to make the house at Schio by Diego Peruzzo and Loris Preto a striking architectural project in the full sense of the term.

There are numerous villas and residences in the Italian provinces. The villa at Piadena, by Giorgio Palù and Michele Bianchi (Arkpabi practice) inventively mixes strict geometrical forms with "Baroque" elements: glazed perforations in the façades providing unexpected views and continuity between interior and exterior; alternating building heights; and scooped out areas. Views over the sea are the compositional leitmotif followed by Marco Ciarlo for a residence on the Liguria Riviera. The building nestles into the slope leading down to the shore, discreetly melting into the environment between characteristic dry stonewalls. Appropriately, the living area stretches horizontally to overlook the coast below. Among the examples of rural building restoration, the Caprioglio project weaves key traditional elements into a decidedly contemporary programme that includes interior wooden-slat cladding to extend functional areas and an enlarged, high walled living area with a striking metal staircase. New volumes and dynamic spaces have been added to the two-family residence in the Bologna province designed by the Diverserighe practice. Recessed façades, high vertical interiors accompanied by vertical and horizontal slit windows give a dramatic quality to incoming light and provide pleasing living conditions in every environment. Matteo Thun's social housing complex in the province of Treviso is an innovative refurbishment translating traditional typologies into a modern key: a traditional single wooden staircase, wrap-around balcony, and rational ground plan echo are combined with prefabricated wooden frame elements and upper floor infills, and a brise soleil of wooden slats that gives a lightweight appearance to the building.

Urban social spaces were also a key concern of Marco Tamino and his practice Ingenium Real Estate when they designed the Tor Vergata university campus. Set around a court, the buildings are characterized by connected spaces, their different identities signposted by different colours and materials to create new kinds of urban stratification. The Azzate complex designed by Park Associati tackles the issues raised by fitting two blocks into a site, choosing to hinge them around a commercial area. The whole complex follows the natural gradient; the main façades face the countryside, the elevations alternately convex and concave and further fragmented by the use of different materials.

Public buildings and their uses have produced a range of solutions from reinstatement to transformation and regeneration. The extension of the former town theatre at Trino Vercellese, by Benedetto Camerana & Partners, combines different materials and spaces. Cor-ten steel sheets regularly threaded between steel uprights clad a new glazed curtain wall façade, a distinctly contemporary feature alongside the traditional building. Inside, the theatre hall has been gutted and three inhabitable "glazed boxes" fitted to a steel structural frame. The solid stone base of the new headquarters of the Ravenna Port Authority by Sardellini Marasca Architetti is offset by a compact expanse of fair-face brickwork. A public path passing right through the building makes it truly a part of its urban fabric. Equally significant and symbolic is the new town hall of Castelvetrano, a project signed by Giunta, La Monaca, Tilotta, and Titone. A parallelepiped volume hollowed out in places to create projections, recesses and narrow slit-like openings marks a return to the historic architectural features of this Sicilian town. "Secret" passages and corners give a penetrating new reading of a public building.

The theme of public places and circulation routes is at the heart of the regeneration project for the former monastery gardens at Sora in Lazio. Designed by MCM, the area backing up against a hill has been paved with stone and marked out by a series of high stone partitions forming paths up the slope. Cor-ten slabs add a modern note in this striking piece of urban furniture leading to a multi-purpose facility. The project for a new theatre at Montalto di Castro designed by MDU Architetti is for a symbolic, multi-purpose facility that will stand as a contemporary monument, a tightly packed architecture that is also a community square. Inside, a fluid and highly functional hall for a range of performing arts. The oratory of the Sacred Family Parish in Manfedonia,

dell'architettura nella città siciliana; scava il volume a parallelepipedo, formando aggetti, rientranze, disassamenti, tagli a feritoia; introduce percorsi e luoghi "segreti", in una penetrante e molteplice accezione di luogo pubblico. Percorsi e luoghi pubblici si collegano nella riqualificazione della zona dell'ex orto conventuale a Sora (Lazio), nel progetto dello studio MCM: la presenza emergente delle lastre di pietra a contrassegnare il tracciato che si accosta alla collina con setti e pavimentazioni, la presenza di lastre in Cor-ten a contrassegnare per punti di modernità compositiva il progetto, la configurazione di una sala polivalente identificano la coniugazione marcata di architettura ed itinerario urbano. La struttura rilevante del nuovo Teatro di Montalto di Castro, progetto MDU Architetti, introduce la combinazione di monumentalità e funzionalità polivalente per un edificio che assume contorni simbolici: rilievo urbano, composizione di una piazza, figurazione di un'architettura densa e concentrata, cristallizzata nella forma del monumento contemporaneo, che al proprio interno cela la flessibile multifunzionalità della sala, dove si ripercorrono arti teatrali e performative. L'architettura dell'Oratorio della Parrocchia della Sacra Famiglia a Manfredonia, progetto degli studi Planprogetti ed AtelierMAP, è incentrata sulla corte e sugli spazi interni, sull'amplificazione del concetto di flessibilità per la sala a doppia altezza dedicata alle varie attività comuni, sulla consapevolezza che l'itinerario luminoso dei fori in plexiglas liberamente distribuiti nella parete della sala verso la corte rappresenti nello stesso tempo una forma decorativa e un simbolo di forte valore. Il valore pedagogico della scoperta degli spazi, la visione di un'architettura che determina volumi e spazi come un insieme organico da conoscere, mosaici colorati che arricchiscono le esperienze sensoriali si dispongono sulle pareti esterne e negli ambienti interni: il progetto di Luisa Fontana per l'asilo nido e scuola materna a Padova individua vivibilità, gradevolezza, luminosità, continuità degli spazi come elementi primari per il sostegno alle attività pedagogiche e di accrescimento delle esperienze per l'infanzia. La trasformazione di una cappella funeraria di famiglia, nel progetto di Raimondo Guidacci, descrive un'opera di rarefazione ed astrazione, nella costruzione di un'architettura di pura essenzialità, in cui la conservazione del profilo della cappella preesistente si accompagna ad un processo di sottrazione degli elementi decorativi storici: la geometria diviene linearità essenziale, la memoria si compie in un gesto assoluto, nella rigorosa stilizzazione dei simboli e nella purezza dei materiali; si formalizza così un procedimento che esprime il ricordo nella sintesi, colloquiando per contrasto con la sequenza di cappelle antiche.

Edifici e luoghi funzionali, per attività d'impresa: il progetto di Duilio Damilano per la stazione di servizio Gazoline si indirizza alla qualificazione espressiva dell'oggetto architettonico, in cui la capacità di mostrare con chiarezza il tipo d'attività si arricchisce di accuratezza ed invenzione: la correlazione dinamica fra viaggio e sosta si trasferisce nello sviluppo continuo della struttura, un nastro di cemento che definisce un edificio fluido e riconoscibile. Modularità e flessibilità si evidenziano nel progetto dello studio Alvisi Kirimoto & Partners per l'edificio a uffici nella zona industriale di Barletta: per gli interni si elabora nel piano tipo un'unità di base variamente raggruppabile; modularità per le pareti esterne dell'edificio, in pannelli di cemento e lastre vetrate, contrapponendo il prospetto sud, vetrato e con partizioni frangisole in lamelle metalliche, al prospetto nord, a parete piena ed alte finestre. Fornire identità architettonica per l'edificio B5, edificio della comunicazione nel comparto di riqualificazione Rizzoli a Milano, è un aspetto importante della riflessione progettuale che compie lo studio Barreca & La Varra: il progetto definisce un'immagine "vetrosa" delle facciate, una tessitura articolata delle lastre vetrate fra diversi gradi di cromatismo, trasparenza ed opacità, combinando serialità degli elementi e mutevolezza percettiva, nel duplice intento di rendere l'edificio una componente rilevante del sistema a corte nella zona di trasformazione e, nel contempo, termine di riferimento per le zone urbane circostanti.

Architetture che comunicano le istanze della ricerca e della sperimentazione, mediazioni sottili fra identità ed espressione, nella formazione per parti di un panorama italiano che descrive la dinamica contemporanea del fare progettuale.

a project by firms Planprogetti and AtelierMAP centres on an inner court and internal spaces, and takes the concept of flexibility as far as it will go. A double height hall suitable for a variety of community activities receives light through numerous openings with Plexiglas panes in the wall giving onto the court, a highly symbolic as well as decorative feature. Luisa Fontana's project for a nursery school and kindergarten in Padua uses architectural volumes and spaces to encourage exploration and discovery. Indoors and outside, a mosaic of colours stimulates sensory awareness. Pleasing, luminous and liveable spaces here support teaching activities and the development of the child. In a project to transform a family funerary chapel, Raimondo Guidacci, proposes a rarefied abstract architecture whose essential lines highlight the original chapel divested of decorative layers to reveal its essential linear geometry. Memory is summed up and preserved by rigorous stylised symbols, and purity of materials, in stark contrast yet in harmony with the succession of ancient chapels on either side.

The section dedicated to business and production activities is equally varied. Duilio Damilano's design for the Gazoline service station is a new take on this sort of functional architecture. The place and its purpose are immediately apparent: a resting place during a journey, this latter clearly conveyed by a fluid strip of cement wall. Modular, flexible elements also mark out the project by Alvisi Kirimoto & Partners' office building in the industrial district of Barletta. The ground plan allows for the basic grid unit to be mixed and matched; the outer walls of the building are made of modular cement and glazed slabs, with a glazed southern elevation shielded by metal blade sun-shading and a solid north-facing wall with high windows. When tackling the building known as B5 in the redevelopment of the Rizzoli Sector in Milan, Barreca & La Varra were concerned with providing identity through architecture. The overall appearance is that of a glazed mosaic façade on account of the tightly packed sequence of framed glass openings in colours ranging from transparent to opaque. The result is a building that stands out within the complex grouped around a court but is also a landmark for the wider urban setting.

The architectures presented show that research and experimentation are thriving, with practitioners constantly mediating between identity and expression. Our Italian Panorama testifies to a contemporary architecture scene where dynamic projects abound.

FILIPPO CAPRIOGLIO - CAPRIOGLIO ASSOCIATI

Restaurare e trasformare per parti: residenza in campagna

Casa G+S+R realizza il restauro e il riuso di un edificio e di un rustico annesso che costituiscono un complesso di valore storico-testimoniale. Il manufatto si compone di due corpi adiacenti e collegati tra loro tramite uno spazio interrato che ospita la cantina e consente di raggiungere l'autorimessa direttamente dall'abitazione. Il restauro è stato di tipo conservativo per la gran parte della zona adibita ad abitazione, rispettando l'ordine delle aperture ed i materiali originali, mentre nella porzione a ovest sono state preservate le strutture verticali in mattone faccia vista, utilizzando una veste contemporanea con un rivestimento in doghe di legno di teak. Per ampliare la cucina è stato annesso un volume cubico a nord, che conferma tale trattamento di modernità. I materiali originali mantenuti sono la pietra gialla locale alternata ai mattoni a faccia a vista dei pilastri che segnano in alcuni punti la struttura verticale. All'interno dell'abitazione si alternano finiture ad intonaco e pietra a vista. I serramenti di tutto il complesso sono realizzati in acciaio Cor-ten, lasciati senza elementi oscuranti per rendere maggiormente evidente la composizione della facciata. Il collegamento fra piano terreno e primo piano dell'unità abitativa è risolto con una scala in acciaio e vetro libera, senza appoggi laterali alla struttura. Una sottile scala metallica permette poi di accedere al sottotetto, organizzato con area benessere, bagno e ampio ambiente per il guardaroba. La conservazione e la visibilità della muratura preesistente in sassi a vista è un punto di forza del progetto: è possibile apprezzarne la consistenza anche attraverso le pareti e la porta trasparenti dell'ascensore. Il sistema distributivo è stato concepito e realizzato con l'intenzione di mantenere in grande evidenza la suggestione delle preesistenze, con una particolare attenzione all'integrazione tra interno ed esterno. In una concezione generale di rispetto per la conformazione del territorio, l'inserimento del corpo dell'autorimessa nel declivio naturale è l'unico elemento di trasformazione dell'orografia del luogo, attenuata tuttavia dalla spalla in pietra gialla locale che l'assimila ad un elemento naturale.

Renovation and Transformation in Sections: a Country Home

Casa G+S+R is a renovation/change-of-use job on a building and dependent farmhouse which together retain some historical value. The result is two adjacent structures linked by an underground area housing the cellar and giving direct access from the house to the garage.

The house proper has been conservatively restored in the main, keeping the door and window layout and the original materials. A westward-facing portion has preserved the facing-brick columns but used a contemporary cladding of teak slats. To enlarge the kitchen, a cube structure has been added on the northern side, again in modern style.

The original materials preserved are local yellow stone alternating with pillars of fair-faced brick mapping out the vertical structure. Indoors, the finish is either render or exposed stonework. Doors and windows throughout are in Cor-ten steel and devoid of shutters so as to leave the façade composition more visible.

The ground floor of the house is connected to the upper storey by a free-standing glass and steel staircase. A thin metal stairway then leads on up to the loft which is designed as a wellness centre, bathroom and extensive wardrobe space.

One successful feature of this project is how it keeps the exposed stonework visible. The transparent walls and door of the lift help one appreciate this. The intention behind the distribution of space was to keep the previous character evident and devote care to integrating inside and outside.

By way of respecting the original lie of the land, the garage was dug into a natural slope. This, the only change to the original contours, is softened by an abutment of local yellow stone making it look like a natural feature.

■ Planimetria - Scala 1:1000
Site Plan - Scale 1:1000

■ Pianta Piano Terra - Scala 1:400
Ground Floor Plan - Scale 1:400

1- Ingresso/Living
2- Pranzo
3- Cucina
4- Loggia
5- Garage
6- Dependance
7- Vano Tecnico

1- Entrance/Living Room
2- Dining Room
3- Kitchen
4- Porch
5- Garage
6- Outbuilding
7- Plant Room

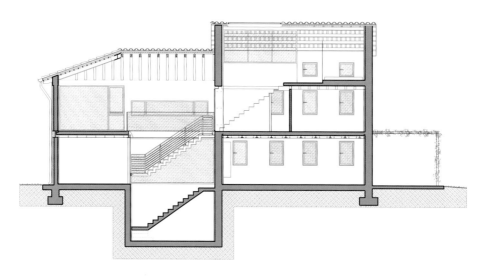

■ Sezione - Scala 1:200
Section - Scale 1:200

■ Sezione - Scala 1:200
  Section - Scale 1:200

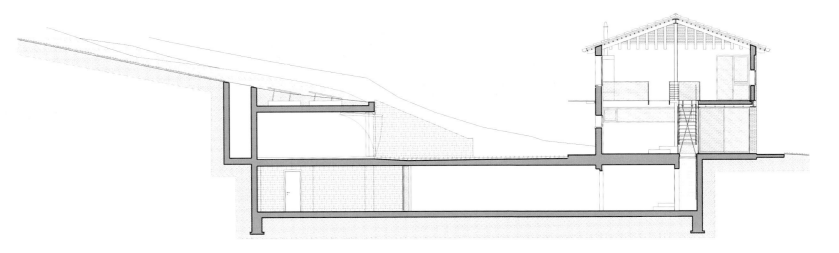

015

016

■ Prospetto Est - Scala 1:200
East Elevation - Scale 1:200

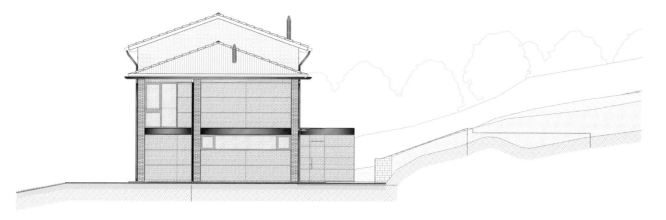

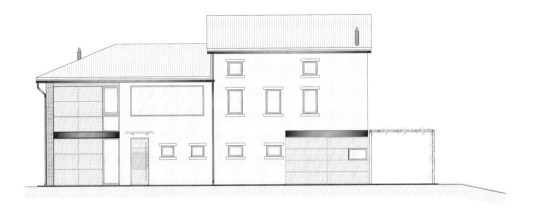

■ Prospetto Nord - Scala 1:200
North Elevation - Scale 1:200

DETTAGLIO: FACCIATA
SCALA 1:50

1- **Pacchetto Copertura**
Coppi in laterizio
Guaina 2 mm
Isolamento 4 cm
Cappa in cls 4 cm
Tavelle in laterizio a vista 25 x 12 x 3.3 cm
Travetti in legno 5x5 cm
Travi principali 18x12 cm

2- **Pacchetto Muratura**
Muro esistente in pietra 40 cm
Isolamento 5,5 cm
Doppia parete in cartongesso 2,5 cm
Scuretto battiscopa in alluminio
Architrave ligneo in rovere ammordenzato
Davanzale in pietra d'Istria Orsera

3- **Pacchetto Solaio Secondo Piano**
Finitura in doghe di legno teak 2 cm
Tubo radiante 2,5 cm
Massetto con additivo fluidificante 4 cm
Pannello in eps 1 cm
Soletta in c.a. collaborante 7 cm
Tavolato 3 cm

4- **Pacchetto Solaio Primo Piano**
Finitura in doghe di legno teak 2 cm
Tubo radiante 2,5 cm
Massetto con additivo fluidificante 4 cm
Pannello in eps 1 cm
Soletta in c.a. collaborante 6 cm
Trave HEB 360
Lamiera grecata 5,5 cm
Controsoffitto in lastre di
cartongesso 1,2 cm

5- **Pacchetto Solaio Piano Terra**
Finitura con lastre in ardesia
a spacco 2 cm
Tubo radiante 2,5 cm
Massetto con additivo fluidificante 4 cm
Pannello in eps 3 cm
Massetto armato 10 cm
Guaina
Vespaio 50 cm
Magrone 10 cm
Terreno perfettamente
rullato e costipato

6- **Pacchetto Pavimentazione Esterna**
Finitura con lastre in teak 2 cm
Soletta 14 cm
Magrone 10 cm
Terreno perfettamente rullato e costipato

7- **Serramenti**
Serramento a battente
in acciaio brunito,
Finitura in Cor-ten,con porzione
a ribalta, vetro 5+5, 18 gas, 4b.e.,
Profilo TermoAreoBlindoxScocca_
Palladio

DETAIL: FAÇADE
SCALE 1:50

1- **Roof**
Terracotta tiles
1/16" (2 mm) sheath
1 5/8" (40 mm) insulation
1 5/8" (40 mm) concrete fill
9 3/8 x 4 3/4 x 1 1/4" (250x120x33 mm)
terracotta tiles (parallel
to plane of section)
2 x 2" (50x50 mm) timber
7 1/8 x 4 3/4" (180x120 mm) rafters

2- **Outside Walls**
15 3/4" (400 mm) pre-existing stone wall
2 1/8" (55 mm) insulation
Cavity wall with 1" (25 mm) gypsum board
Aluminium skirting
Hardened oak lintel
Orsera Istrian stone sill

3- **Second-Floor Slab**
3/4" (20 mm) teak floorboards
1" (25 mm) radiant heating pipe
1 5/8" (40 mm) screed with fluxing agent
3/8" (10 mm) EPS panel
2 3/4" (70 mm) composite
reinforced concrete slab
1 1/4" (30 mm) plank

3- **First-Floor Slab**
3/4" (20 mm) teak floorboards
1" (25 mm) radiant heating pipe
1 5/8" (40 mm) screed with fluxing agent
3/8" (10 mm) EPS panel
2 3/8" (60 mm) composite
reinforced concrete slab
HEB 360 beam
2 1/8" (55 mm) corrugated sheeting
1/2" (12 mm) gypsum board false ceiling

5- **Gound Floor Slab**
3/4" (20 mm) slate flooring
1" (25 mm) radiant heating pipe
1 5/8" (40 mm) screed with fluxing agent
1 1/4" (30 mm) EPS panel
4" (100 mm) reinforced screed
Sheath
19 3/4" (500 mm) ventilation space
4" (100 mm) lean concrete
Rolled and compacted earth

6- **Paving**
3/4" (20 mm) decking
5 1/2" (140 mm) slab
4" (100 mm) lean concrete
Rolled and compacted earth

7- **Door and Window Frames**
Side-hung burnished steel, Cor-ten steel
finish with bottom-hung light, 2 + 2"
(50+50 mm) double glazing
with gas fill Palladio
"TermoAreoBlindoxScocca" profile

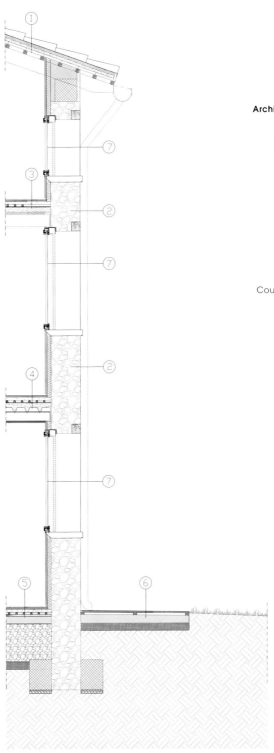

CREDITS

Location: Castelli di Monfumo,
Province of Treviso
Client: Private
Completion: 2010
Gross Floor Area: 500 m²
Construction Cost: 1.200.000 Euros
Architect: Filippo Caprioglio - Caprioglio Associati
Design Team: Francesco Soldo,
Barnaba Bortoluzzi
Main Contractor: Impresa Edile di Luigi Bordin
e Paolo Cadorin

Consultants
Structural: Bolina Ingegneria
Systems: Studio Tecnico Renato
Lighting Technology: Mauro Cusimano

Suppliers
External Wood Cladding: Silvelox Doors
Windows: Cetos

Photo by Paolo Belvedere
Courtesy Filippo Caprioglio - Caprioglio Associati

Abitazioni a basso consumo energetico

Il tema progettuale consiste nella sostituzione di un fabbricato preesistente, in un lotto densamente edificato; il nuovo edificio si definisce per forma e volume, correlandosi alle limitazioni imposte dal contesto: un solo affaccio verso strada e la presenza di edifici adiacenti più alti.

Obiettivo del progetto è di ottenere la maggior quantità di luce naturale, con l'apertura di due cortili verso sud, attorno ai quali si organizzano le nuove residenze. Anche l'articolazione della volumetria, attraverso aggetti e rientranze, si modella per corrispondere alla ricerca di luce e visuali. Il progetto inquadra sistematicamente vedute trasversali e fughe prospettiche, ampie vetrate si dispongono lungo i prospetti affacciati sui cortili e smaterializzano gli angoli dei volumi in aggetto, nell'intento di evitare sensazioni di chiusura e confine visivo.

Il nuovo edificio riprende e reinterpreta la copertura a shed del fabbricato preesistente. Il prospetto verso strada coniuga la rilevanza volumetrica del nuovo edificio con la conservazione delle quattro arcate scavate nella muratura perimetrale e rivestite in modo omogeneo da mattonelle di klinker marrone scuro, punto di forte

Low Energy Consumption Houses

This project involved the replacement of an existing building in a densely built-up location. The form and volumes of the building reflect the limitations imposed by its setting, with only one street-facing side and the presence of higher adjacent buildings.

The aim of the project was to harness the greatest amount of natural light through the two courtyards located to the south, which the new residences were built around. The disposition of its volumes, with projections and recesses, likewise reflects the desire to maximize both natural light and vision. The design systematically incorporates transverse views and different lines of perspective. Large windows extend along the elevations facing the courtyards, insubstantiating the angles of the projecting volumes so as to avoid any sensation of being closed off or visual restrictions.

The new building borrows and reinterprets the shed roof of the pre-existing building. The elevation facing the street combines the volumetric presence of the new building with four retained arches, which are set into the perimeter

■ Pianta Piano Terra - Scala 1:400
Ground Floor Plan - Scale 1:400

connotazione nell'edificio precedente. Gli elementi di facciata si incontrano: il vecchio e il nuovo appaiono in un deciso accostamento, intrecciando incastri volumetrici, contrasti cromatici e materici.

Le residenze sono organizzate in appartamenti di piccolo taglio al piano terra, mentre ai piani superiori si situano alloggi duplex con volumi a doppia altezza e scale aperte nelle zone giorno. I volumi delle stanze da letto al livello superiore sono sagomati dalla combinazione dei piani del volume preesistente e delle nuove partizioni.

Gli aspetti relativi al risparmio energetico e alla sostenibilità sono un nucleo di attenzione progettuale: pacchetti costruttivi a bassissima trasmittanza di calore per pareti e solai, collettori solari termici per il fabbisogno di acqua calda sanitaria e sonde geotermiche sotto la platea di fondazione per il riscaldamento, la fornitura di acqua calda sanitaria e il raffrescamento estivo. Gli alloggi sono dotati di pannelli radianti a pavimento ed a soffitto, con un impianto domotico di controllo e gestione di riscaldamento, raffrescamento e ricambio d'aria, tramite la rilevazione dei dati di temperatura, umidità e tasso di CO_2. L'areazione controllata permette un recupero di calore fino al 70%. Il sistema nel suo complesso consegue un notevole abbattimento dei consumi energetici, consentendo all'edificio di inserirsi in classe A, secondo i parametri CasaClima.

wall and uniformly covered with the dark brown clinker bricks that were a defining feature of the pre-existing building. The elements of the façade overlap: the old and the new combine decisively, weaving together volumes with contrasting colours and materials.

The dwellings comprise small flats on the ground floor and duplex apartments on the upper levels with double-height ceilings and open stairways in the living areas. The bedroom volumes on the upper level are shaped by the combination of the floors of the pre-existing volume and the new partitions.

Energy saving and sustainability are key aspects of this project: construction of walls and ceilings with extremely low rates of heat transmission, solar panels providing hot water needs, and geothermal probes beneath the foundation layer for heating, hot water, and summer cooling. The dwellings have radiant panel heating in the floors and ceilings, with a home automation system controlling heating, cooling and air exchange based on temperature, humidity and CO_2 data. Controlled ventilation allows for heat recovery of up to 70 per cent. The system as a whole produces a considerable reduction in energy consumption, with the building classified as Class A under ClimateHouse criteria.

■ Prospetto Nord-Ovest - Scala 1:400
North-West Elevation - Scale 1:400

■ Sezione - Scala 1:400
Section - Scale 1:400

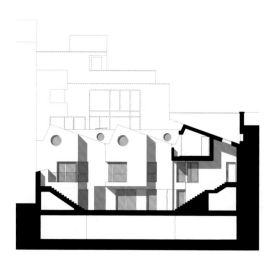

■ Sezione - Scala 1:400
Section - Scale 1:400

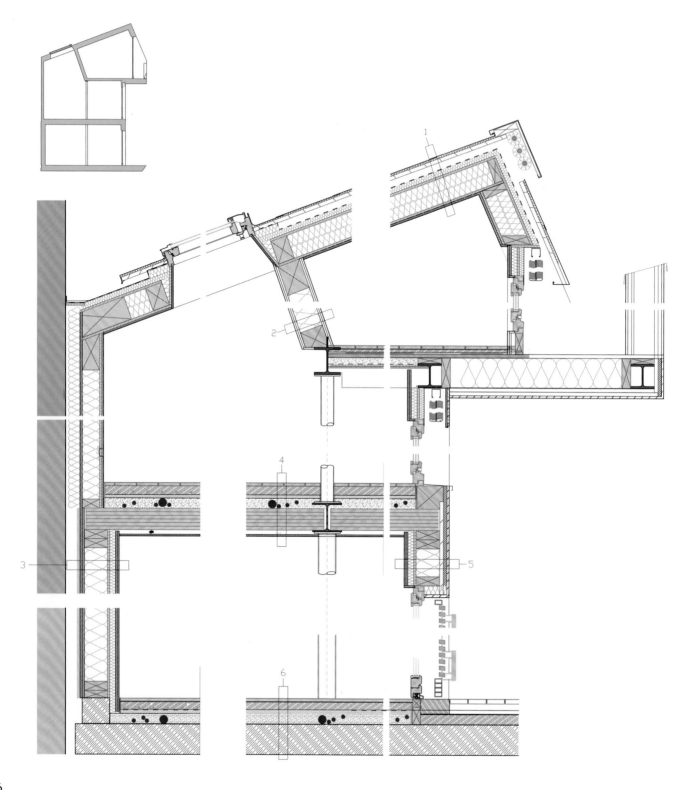

DETTAGLIO: SISTEMA COSTRUTTIVO
SCALA 1:25

1- Lamiera di alluminio
   Tavolato grezzo SP 2,5 cm
   Listellatura per ventilazione SP 5 cm
   Guiana impermeabile
   Pannelli in fibra di legno SP 3,5 cm
   Pannello fibrogesso SP 1,5cm
   Struttura in travi abete massiccio 12x16 cm
   Pannelli in fibra di legno SP (8+8) cm
   Pannello OSB3 SP 1,5 cm
   Intercapedine 3 cm
   Pannello in fibrogesso con impianto
   di riscaldamento SP 15 mm

2- Cartongesso 2x12.5 mm
   Struttura telaio in legno 60x160 mm
   Materassino in fibra di legno 60 mm
   Cartongesso 2x12.5 mm

3- Materassino in lana minerale SP 2 cm
   Doppio pannello in fibrogesso SP 2x15 mm
   Pannelli in fibra di legno (W.F.)
   SP 80+80 mm
   Struttura a telaio di abete SP 16x6 cm
   Pannello OSB SP 15 mm
   Materassino in fibra di canapa SP 4 cm
   Listellatura SP 4 cm
   Doppio pannello in cartongesso
   SP 2x12.5 mm

4- Pavimento finito 17 mm
   Caldana autolivellante 60 mm
   Guaina polietilenica
   Pannello anticalpestio Pavapor 21/22 mm
   Pannello da distribuzione
   Natura Isolant 12 mm
   Massetto con ghiaia di marmo 86 mm
   Panello X-lam
   Sottostruttura con listelli 40 mm con
   materassino in fibra di legno 40 mm
   Panello cartongesso 12.5 mm

5- Intonaco
   Porta intonaco Celenit 35 mm
   Tavolato grezzo 23 mm
   Isolamento termico fra i telai 160 mm
   OSB 15 mm
   Piano d'istallazione 40 mm
   isolato con fibra in legno
   Cartongesso 2x12.5 mm

6- Pavimento finito 20 mm
   Caldana 60 mm con
   riscaldamento a pavimento
   Strato separatore in politilene
   Pannello in fibra di legno SP 2,2/2,1 cm
   Sottofondo alleggerito 70 mm (impianti)
   Solaio in laterocemento SP (20+4) cm

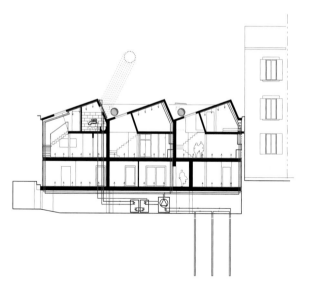

■ Schema del Funzionamento Estivo degli Impianti - Scala 1:400
System Schematic of Summer Operation Mode - Scale 1:400

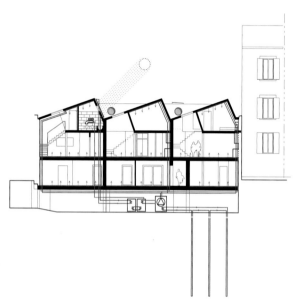

■ Schema del Funzionamento Invernale degli Impianti - Scala 1:400
System Schematic of Winter Operation Mode - Scale 1:400

DETAIL: CONSTRUCTION SYSTEM
SCALE 1:25

1- Sheet aluminium
1" (25 mm) thick raw timber
2" (50 mm) thick battens for ventilation
Waterproofing sheath
1 3/8" (35 mm) thick wood fibre panels
5/8" (15 mm) thick fibre-gypsum board
Structure of 4 3/4 x 6 1/4" (120x160 mm) solid fir
3 1/8 + 3 1/8" (80+80 mm)
thick wood fibre panels
5/8" (15 mm) thick OSB3 panel
1 1/4" (30 mm) air space
5 7/8" (150 mm) thick fibre-gypsum board
and heating system

2- 1/2 x 1/2" (12.5x12.5 mm) gypsum board
2 3/8 x 6 1/4" (60x160 mm)
structural timber frame
2 3/8" (60 mm) wood fibre mat
1/2 x 1/2" (12.5x12.5 mm) gypsum board

3- 3/4" (20 mm) thick mineral wool mat
5/8+5/8" (15+15 mm) thick
fibre-gypsum boards
3 1/8 + 3 1/8" (80+80 mm) wood fibre panels
Frame of 6 1/4 x 2 3/8" (160x60 mm) fir
5/8" (15 mm) thick OSB panel
1 5/8" (40 mm) thick hemp
fibre mat (=0.04 W/mK)
1 5/8" (40 mm) thick battens
1/2 + 1/2" (12.5+12.5 mm) gypsum board

4- 5/8" (17 mm) flooring
2 3/8" (60 mm) self-levelling screed
Polyethylene sheath
7/8" (22 mm) Pavapor footfall insulation mat
1/2" (12 mm) Natura Isolant panel
3 3/8" (86 mm) screed with marble chips
X-lam panel
Sub-structure with 1 5/8" (40 mm) battens
and 1 5/8" (40 mm) wood fibre mat
1/2" (12.5 mm) gypsum board

5- Render
1 3/8" (35 mm) Celenit lathing
7/8" (23 mm) raw timber
6 1/4" (160 mm) thermal insulation
between frames
5/8" (15 mm) OSB
1 5/8" (40 mm) installation space
Wood fibre insulation
1/2 + 1/2" (12.5 + 12.5 mm) gypsum board

6- 3/4" (20 mm) flooring
2 3/8" (60 mm) screed with
embedded floor heating
Polythene separation layer
7/8" (22 mm) thick wood fibre panel
2 3/4" (70 mm) lightweight screed
(installations)
7 7/8" + 1 5/8" (200 mm + 40 mm) concrete
and masonry slab

CREDITS

Location: Bologna
Client: Palatesta, Alberto Barberini
Completion: 2010
Gross Floor Area: 2,300 m²
Architect: Giorgio Volpe Architetto
Working Drawings: Mauro Rossaro, Giorgio Volpe, Massimiliano Vanella, Ufficio tecnico Holz & Ko

Consultants
Structural: Mauro Croce, Massimo Talloni
Plant: Andreas Fischer, Norbert Klammsteiner

Suppliers
Timber Structures: Damiani-Holz & Ko
Automation: Domoticarea
Geothermal Probes: Geotermia
Fire-Prevention: Ediltermofon

Photo by Luca Cioci
Courtesy Giorgio Volpe Architetto

Complesso residenziale di edilizia pubblica

Il progetto si propone di interpretare le indicazioni dell'Azienda territoriale per l'edilizia residenziale della provincia di Treviso (A.T.E.R.), che sollecitano la ricerca di soluzioni innovative nel campo della costruzione di alloggi sovvenzionati, destinati alle locazioni a canone sociale, in cui non siano trascurate le esigenze qualitative delle abitazioni.

Le scelte progettuali dello studio Matteo Thun & Partners si indirizzano ad una doppia strategia: utilizzare tecnologie costruttive miste, accentuando il ruolo della prefabbricazione in legno; fornire un'interpretazione contemporanea di tipologie abitative storicamente identificate.

La conformazione del blocco edilizio prende spunto da esempi tipologici di case a ringhiera tipiche della tradizione popolare del luogo: il sistema distributivo si incentra su una scala a struttura lignea e controventature metalliche che serve l'intero blocco; per l'accesso agli alloggi si utilizzano ballatoi, che corrono lungo tre dei quattro prospetti affacciati sul cortile interno. L'elaborazione del piano tipo prevede che i servizi igienici delle

Social Housing Complex

The project responded to a brief from the Province of Treviso housing authority (the A.T.E.R.), which called for innovative solutions in the construction of low-cost rental social housing, which do not sacrifice the quality standards of the dwellings.

The project decisions made by Matteo Thun & Partners centre on a dual strategy: the use of mixed building technologies, with an emphasis on prefabricated timber construction; to provide a contemporary interpretation of a historically identified housing type.

The conformation of the block is based on the casa a ringhiera, that is, traditional working class housing typical of the area. General access is therefore centred around a timber staircase with metal bracing that serves the entire block, while access to the dwellings is off balconies that run along three of the four elevations overlooking the internal courtyard. The overall plan provides that the toilets in the dwellings are located towards the courtyard, while the living and sleeping areas of each flat face outwards, thereby maximizing natural light and enhancing views.

■ Pianta Piano Terra - Scala 1:400
Ground Floor Plan - Scale 1:400

■ Pianta Piano Tipo - Scala 1:400
Typical Floor Plan - Scale 1:400

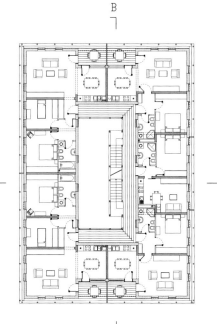

abitazioni siano disposti verso la corte interna, mentre le zone soggiorno e notte di ciascun alloggio prospettano verso l'esterno, per fruire in maggior grado di luce e visuali, in relazione ai differenti orientamenti.

L'edificio si dispone su tre livelli fuori terra. Il piano terreno si compone di due alloggi separati e di un ampio porticato che funge da filtro verso la corte interna, un luogo funzionale alle esigenze di areazione per gli alloggi e nello stesso tempo un luogo che può ospitare elementi di vegetazione e una superficie erbosa, ad ingentilire le visuali. Il piano terreno è realizzato in cemento e laterizio; per i restanti livelli il progetto prevede un nucleo d'innovazione tecnologica consistente nell'utilizzo di elementi prefabbricati in legno, sia per la struttura sia per le pannellature di tamponamento. L'intervento si caratterizza per la presenza di un involucro esterno, una griglia a lamelle in legno lungo tutte le facciate: la funzione primaria è di fornire un sistema di brise-soleil e nello stesso tempo di costituire un elemento compositivo per alleggerire la percezione del volume edilizio, arricchendolo di ombre e di riflessi.

L'edificio sorge a Motta di Livenza, in una zona residenziale a poca distanza dal centro storico, con vista sul Santuario della Madonna dei Miracoli.

The building has three above-ground levels. The ground floor consists of two separate dwellings and a large arcade that leads to the internal courtyard. The latter is functional as a source of ventilation for the homes, as well as providing space for planting grass and plants, therefore adding visual beautify. The ground floor is constructed of concrete and brickwork. For the upper levels, the plan centres on the extensive use of technologically innovative materials, using prefabricated timber elements for both the structure and infill. It is characterized by the presence of an outer shell and a grid formed by wooden slats along the length of all the facades, the primary function of which is to provide sun shading, but also to act as a compositional element that lightens the perception of the building volume by enhancing it with shadows and reflections.

The building is located in a residential zone near the town centre of Motta di Livenza and overlooks the Our Lady of Miracles Sanctuary.

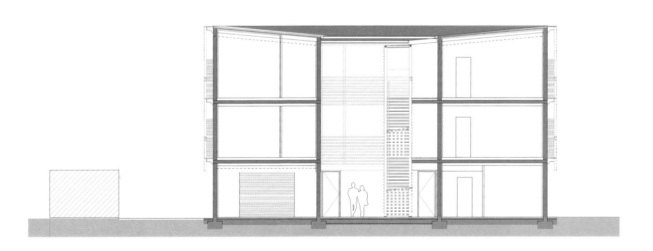

■ Sezione AA - Scala 1:200
AA Section - Scale 1:200

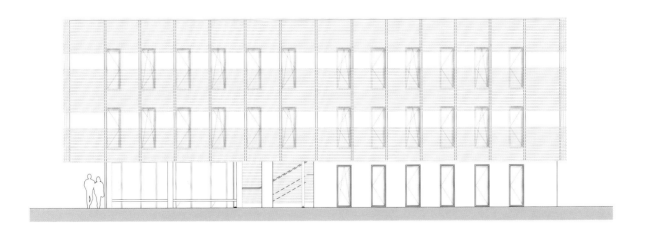

■ Prospetto Sud-Ovest - Scala 1:200
South-West Elevation - Scale 1:200

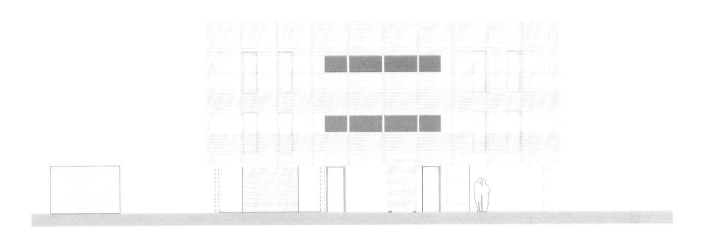

■ Prospetto Nord-Ovest - Scala 1:200
North-West Elevation - Scale 1:200

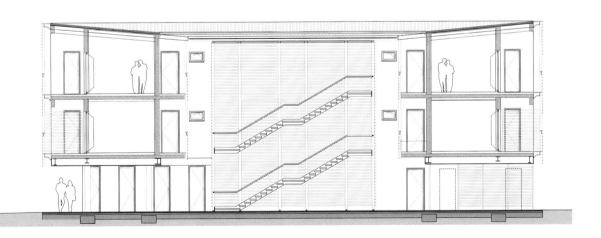

■ Sezione BB - Scala 1:200
BB Section - Scale 1:200

CREDITS

Location: Motta di Livenza,
Province of Treviso
Client: A.T.E.R. Treviso
(Province of Treviso Housing Authority)
Completion: 2010
Gross Floor Area: 1.075 m²
Architect: Matteo Thun & Partners
Working Drawings: AMA E.G.C.
Main Contractor: AMA E.G.C.

Consultants
Static Testing: Fiorenzo Carniel

Suppliers
Timber Shading: New Legno Italia
Glass, PVC Exterior Doors and Windows:
Ser-Glass
Interior Doors: Cogif
False Ceilings, Partition Walls:
EdilTecno 2000
Timber Roofing: Lignum House
Waterproofing and Insulation:
Smerecina Hofatex

Photo by Daniele Domenicali
Courtesy Matteo Thun & Partners

Relazioni urbane: residenze per l'Università Tor Vergata

L'intervento per residenze universitarie si propone di costruire una visione complessiva, secondo una logica urbana di connessioni spaziali e relazionali. I diciotto blocchi per le residenze si uniscono a gruppi di tre o quattro edifici, fra loro collegati, ed identificano una tipologia a corte, un luogo aperto come un atrium romano, che diviene nucleo centrale di relazioni architettoniche. La corte ospita elementi di vegetazione, che trasformano la tradizione dei "giardini segreti" interni alle case in un luogo percorribile di incontro e di relazione con la natura; il volume arrotondato del corpo scale si evidenzia in obliquo rispetto alla pianta quadrangolare della corte, a suggerire anche una direzione d'attraversamento. La distribuzione per l'accesso agli alloggi si sviluppa secondo un sistema di ballatoi prospettanti la corte, individuando connessioni a passerella fra gli edifici di ogni raggruppamento. L'idea di permeabilità governa l'intero progetto, dal singolo edificio al complesso della porzione urbana. Gli edifici per le residenze sono attraversabili, con il grande portale aperto a doppia altezza che introduce al livello della corte; un sistema di percorsi pedonali e ciclabili si irraggia nel parco di sei ettari di superficie, che attornia le residenze ed offre attrezzature per lo sport e la vita collettiva. I vasti parcheggi in fregio all'area attestano le automobili all'esterno del parco, garantendo una completa pedonalità. Il progetto dei blocchi residenziali coniuga caratteri di unitarietà nella forma complessiva dell'intervento e criteri selettivi di diversificazione, a

Urban Relations: Student Accommodation at Tor Vergata University

This project for student apartments takes an all-encompassing vision, following an urban approach to spatial and relational aspects. The eighteen residential blocks are constructed in groups of three and four interconnected buildings, forming a courtyard - an open space like a Roman atrium, which becomes the nucleus of architectural relationships. The courtyard is planted with vegetation, transforming the traditional 'secret garden', normally hidden away behind street doors, into a place where people can stroll, meet and engage with nature. The rounded volume of the stairwell is set at an angle to the quadrangular plan of the courtyard, suggesting a destination for walkers.

Access to the apartments is off a system of balconies overlooking the courtyard, which also forms walkways between the buildings in each group. And an idea of 'permeability' informs the entire project, from the individual buildings to the complex as a whole. The buildings form thoroughfares, with large double-height entrances on the courtyard level.

A network of pedestrian and cycle paths extends out across the six-hectare gardens, which surround the apartments and provide opportunities for sport and social interaction. Extensive car parks around the edge this area mean that the gardens are exclusively used by pedestrians.

■ Planimetria dei Servizi
Plan of Facilities

- ■ SALA STUDIO
  STUDY HALL
- ■ SOGGIORNO COMUNE
  COMMON ROOM
- ■ LAVANDERIA COMUNE
  SHARED LAUNDRY
- ■ CENTRO LINGUISTICO
  LANGUAGE CENTRE

- ■ SALA MUSICA
  MUSIC ROOM
- ■ MINI MARKET
- ■ BAR
- ■ FITNESS / SPA

- ■ SALA CONFERENZE
  CONFERENCE ROOM
- ■ RISTORAZIONE
  DINING AREA
- ■ CENTRO INFORMAZIONI
  INFORMATION CENTRE
- ■ AGENZIA VIAGGI
  TRAVEL AGENCY

■ Planimetria dei Percorsi
Map of Paths

PERCORSI CICLABILI
BIKE PATH

PERCORSI PEDONALI
PEDESTRIAN PATHS

AREE PEDONALI ATTREZZATE
PER LA SOSTA E LE
ATTIVITÀ ALL'ARIA APERTA
PEDESTRIAN AREAS WITH
LEISURE FACILITIES

partire dal radicamento al terreno degli edifici con leggeri dislivelli, pari all'altezza di un piano, che modifica nella percezione il profilo dell'insediamento. L'architettura disegna volumi a geometria elementare e regolare, in una dichiarazione di semplicità e chiarezza. Al basamento in travertino comune agli edifici si accoppia la variazione delle facciate nei materiali, di tipo industriale, e negli effetti di tessitura nella composizione. Nell'involucro esterno, l'uso di lastre in vetro retroverniciato e di murature in cemento splittato a differenti coloriture definisce l'individualità degli edifici, che nei prospetti sulla corte interna mostrano una ricca gamma di colori e materiali. Gli alloggi, con tagli dimensionati in relazione alla presenza di strutture collettive, comprendono anche una quota destinata all'ospitalità per ricercatori e professori: l'arricchimento e la condivisione delle esperienze è un obiettivo perseguito dal progetto, nella proposizione di spazi e correlazioni che agiscono sulla compenetrazione di momenti individuali e collettivi. Nella ricerca di compatibilità ecosostenibile, la strategia dell'intervento applica strumenti passivi, coibentazione, frangisole fissi e sfruttamento della ventilazione naturale, e strumenti attivi, tecnologia fotovoltaica e riduzione dei consumi energetici.

The design of the apartment blocks combines unity in their overall form with diversity, beginning with the way the buildings are placed on the ground, which gently slopes to the height of one floor, thus altering the perception of the building profile. The volumes are basic and regularly shaped in a statement of simplicity and clarity. Combined with the travertine base common to all the buildings are variations in the façade materials, which are industrial, and in the texture of their composition. On the outer shell, the use of back-painted glass and concrete walls divided into different colours creates individuality in the buildings, which, when seen from the courtyard, display a rich palette of colours and materials.

A certain number of the apartments, whose size reflects the presence of common services, are intended for use by academic staff. And the sharing of experiences is a goal of the project, through its positioning of spaces and relationships that influence the time spent by the residents both in private and with others.

As regards eco-compatibility, the project uses passive measures, such as insulation and fixed sun-shading, while taking advantage of natural ventilation. It also uses active measures, such as photovoltaic technology and energy consumption reduction.

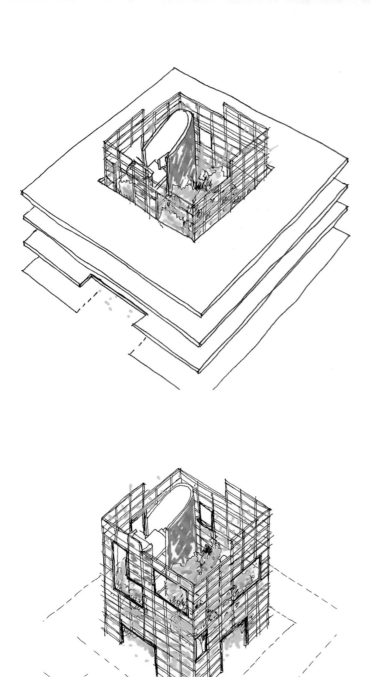

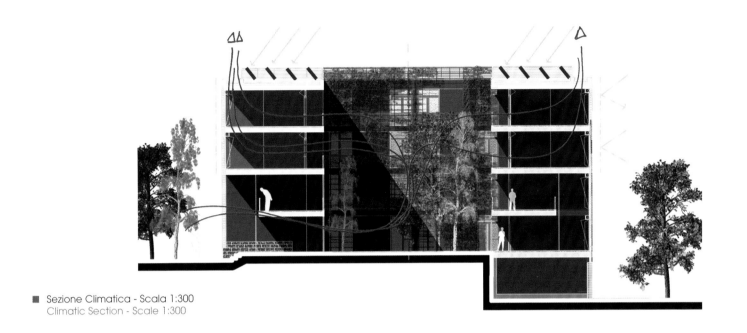

■ Sezione Climatica - Scala 1:300
Climatic Section - Scale 1:300

■ Sezione - Scala 1:300
Section - Scale 1:300

CREDITS

Location: Rome
Client: Tor Vergata University
Completion: 2010
Gross Floor Area: 50.000 m²
Cost of Construction: 58.000.000 Euros
Architect: Marco Tamino - Ingenium RE
Project Manager: Fabrizio Graziani

Consultants
Project Management: Cristiano Tomiselli
Urban Planning: Tor Vergata University

Suppliers
Paving: Mirage
Pre-stressed Concrete Blocks: Vibrapac
Floor and Wall Coverings: Marazzi Group

Photo by Ingenium Real Estate

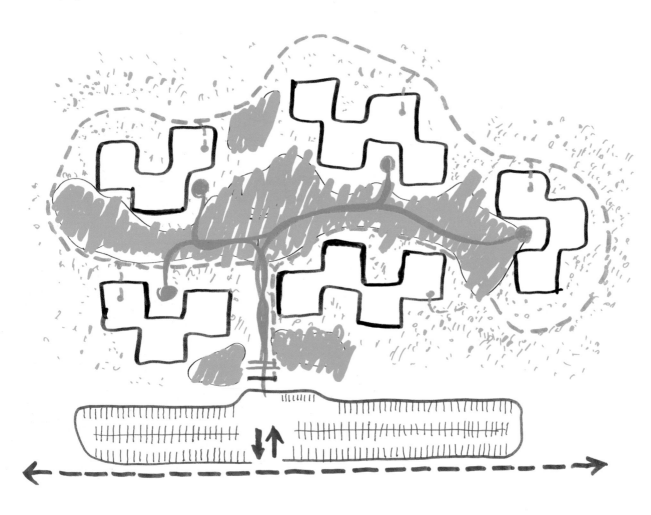

Essenzialità e rigore, edificio per uffici a Barletta

All'interno del progetto direttore per la zona industriale "Incà", a Barletta, che inquadra insediamenti produttivi di piccola e media dimensione in uno schema planimetrico a blocchi edilizi disposti ortogonalmente, si sono sviluppate tre fasi di realizzazioni successive. Alla condensazione delle strutture produttive nella prima e seconda fase, edifici collegati nell'impostazione architettonica che coniuga criteri di economicità, modularità e prefabbricazione con la ricerca di un comune denominatore d'ordine e qualità riconoscibili, si aggiunge un edificio per uffici, "Incà 3", che completa l'insediamento con l'offerta di spazi per attività direzionali, professionali e di servizio. L'edificio è costituito da un blocco a parallelepipedo, con una profondità del corpo di fabbrica di 12 m, una lunghezza di 70 m, uno sviluppo di quattro piani fuori terra; la distribuzione verticale è assicurata da un unico corpo scala e da un ascensore collocati nello spazio d'ingresso, sobrio ambiente in posizione baricentrica, che non enfatizza l'accesso, segnalato solo dalla trasparenza della parete vetrata. A piano terra, il basamento a coloritura in nero ospita i garages di servizio all'edificio ed arretra sensibilmente rispetto al filo di facciata, caratterizzando l'edificio attraverso lo sbalzo; i piani intermedi sono destinati in prevalenza ad attività di tipo

Essentialism and Rigour: Office Building in Barletta

The masterplan for the "Incà" industrial estate at Barletta - small- and medium-sized manufacturing units arranged on a grid layout - has developed over three stages. The first two saw a condensed array of architecturally linked manufacturing buildings combining the principles of cost-containment, modular style and pre-fabricated units, with the search for a common ordering denominator and recognizable features. The estate has now been completed by an office block, "Incà 3", housing management, professional and service premises.

The building is in the form of an oblong block 12 m deep and 70 m long, rising four storeys above ground. These are connected by a single staircase and lift ascending from the foyer which is a sober understated access point sited bottom centre and only marked by its see-through encasing glass wall. At ground-floor level a black plinth hides the garages; this is appreciably inset from the façade line, causing the whole building to appear to jut out. The intermediate floors are mainly for administration. The top floor is again set back from the façades and is protected from the sun's glare all the way round by a metal canopy. It divides into two large open-plan spaces suitable for creative professional occasions or meetings of varying sizes.

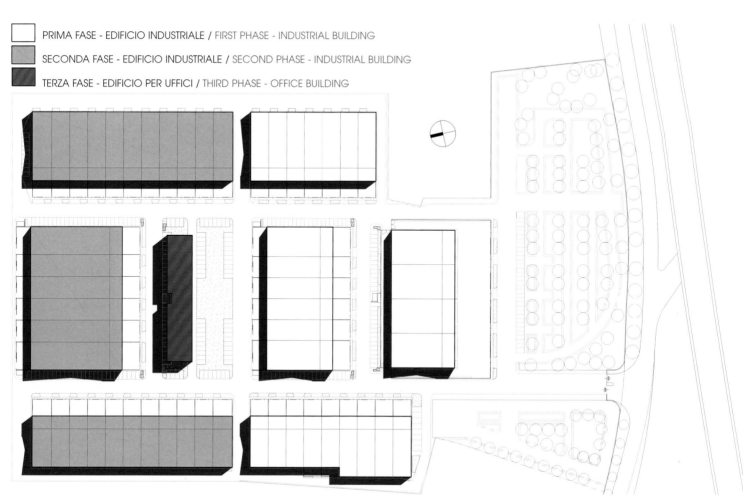

PRIMA FASE - EDIFICIO INDUSTRIALE / FIRST PHASE - INDUSTRIAL BUILDING

SECONDA FASE - EDIFICIO INDUSTRIALE / SECOND PHASE - INDUSTRIAL BUILDING

TERZA FASE - EDIFICIO PER UFFICI / THIRD PHASE - OFFICE BUILDING

■ Planimetria - Scala 1:2000
Site Plan - Scale 1:2000

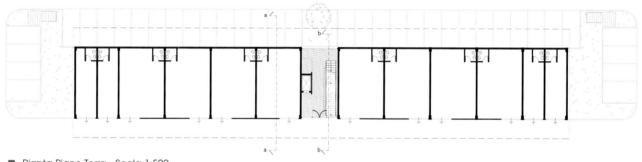

■ Pianta Piano Terra - Scala 1:500
Ground Floor Plan - Scale 1:500

amministrativo. Il piano superiore è costituito da un volume arretrato rispetto alle facciate, protetto sui quattro lati dall'irraggiamento solare attraverso una pensilina metallica: si organizzano due unità, a grandi spazi aperti, idonee ad attività professionali creative o che implicano aggregazioni variabili e momentanee di persone. L'architettura dell'edificio ricalca i principi regolatori dell'area, esprimendo essenzialità formale, prefabbricazione dei componenti, economicità dell'intervento. I caratteri di modularità e flessibilità, coerenti all'intero progetto d'area, assumono ulteriore rilevanza per "Incà 3": i piani intermedi destinati ad uffici propongono una disposizione degli spazi basata su un'unità modulare che può variamente combinarsi, componendo i dieci moduli per piano in unità aggregate secondo differenti esigenze, non prevedibili al momento della progettazione. L'impronta della modularità è una scelta caratterizzante perseguita, quindi, alle diverse soglie dell'intervento, dal livello generale d'area alla definizione degli spazi interni nell'edificio singolo sino al livello delle finiture, pannelli prefabbricati in cemento o in laminato grigio, lastre in vetro, fino al progetto di dettaglio per la comunicazione e la collocazione standardizzata dei loghi per gli uffici. La combinabilità degli elementi determina le distinzioni, funzionali e formali, per i blocchi edilizi. Il progetto per l'edificio ad uffici insiste sulla contrapposizione dei prospetti: la facciata orientata

The building style follows the principles governing the rest of the estate: formal sparseness, prefab components, cost-saving construction. "Incà 3" even carries the estate hallmarks of modularity and flexibility a step further. The intermediate floors intended for offices have a layout based on a combination of basic units varied to need, ten of them forming one floor, the choice being left to the user and not laid down 'blind' at the planning stage. The concept of modular units is a theme that runs throughout: from the overall estate layout, to that of each building's inside spaces and even the style of finishing - prefab cement panels, or grey laminate, or picture window panes - and not excluding the design of communications details and standardised mounts for office logos. The way the parts combine distinguishes blocks by shape and function.

The office block design plays on a contrast between elevations: the south-facing façade is made up of many full-height picture windows irregularly broken up by white metal-louvred sun-shield partitions. These open to admit natural ventilation and let out heat in the summer months. The north elevation is composed of full wall sections and floor-to-ceiling windows with a glass-panel outer parapet. The whole arrangement is vertically staggered, which forms an abstract contrast to the regular indoor units. The north façade leads the eye horizontally by a hint

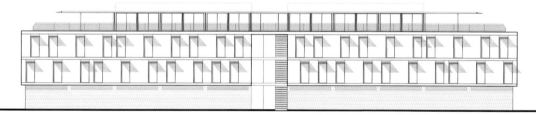

■ Prospetto Nord - Scala 1:500
North Elevation - Scale 1:500

■ Prospetto Sud - Scala 1:500
South Elevation - Scale 1:500

a sud è determinata da un notevole sviluppo di vetrate a tutt'altezza, intervallate in maniera irregolare da partizioni frangisole in lamelle metalliche bianche, apribili per consentire la ventilazione naturale e lo smaltimento del calore in eccesso nei mesi estivi. Il prospetto settentrionale configura un assetto a parete piena ed alte aperture finestrate, dal pavimento all'intradosso del controsoffitto, con parapetto esterno in lastra vetrata, in una disposizione disassata in verticale, che si riflette in un astratto contrasto con la modularità degli ambienti interni. Il prospetto nord suggerisce una lettura per fasce orizzontali, sottolineate da accenni di "marcapiani" per differenza di coloritura; la posizione baricentrica del corpo scale, visibile attraverso vetrate, suddivide la facciata in due parti simmetricamente speculari, fornendo ulteriori occasioni per il raffinato combinarsi di correlazioni fra modularità, irregolarità, simmetrie/asimmetrie che caratterizza il progetto. Pensiline di protezione in forte aggetto sovrastano le finestre ed arricchiscono la composizione della facciata. All'interno, il corridoio distributivo orizzontale sul versante sud dell'edificio funge da spazio filtro di notevole luminosità, incrementando nel tempo stesso la profondità percettiva sul prospetto sud; la scala è un nucleo architettonico rilevante, nella sobrietà generale dell'edificio: i gradini in pietra si appoggiano a sbalzo su una trave centrale in acciaio e il vano scala è delimitato da un sistema di doghe metalliche orizzontali, che propone permeabilità visiva in relazione allo sbarco sul corridoio distributivo e richiama le partizioni frangisole in facciata.

of string courses distinguished by colour. The barycentric stair unit glimpsed through the glazing divides the façade into two even parts, which again gives scope for a play of balancing modular units or irregularities, symmetries and asymmetries, so typical of the whole project. Great jutting overhangs protecting windows enrich the façade composition. Indoors the communicating corridor along the south wall filters and captures the light, and also increases the sense of depth about the elevation on that side. The staircase forms an important nucleus amid the general subdued appearance of the building: stone treads jut from a central steel stanchion, and the whole staircase unit is lined with horizontal metal slats giving a glimpse down the long corridors from each landing and picking up the sunshield motif on the façade exterior.

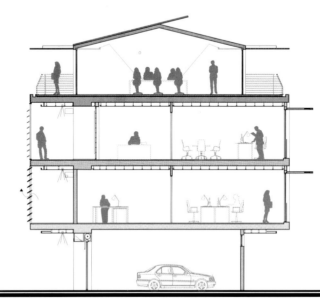

■ Sezione AA - Scala 1:200
AA Section - Scale 1:200

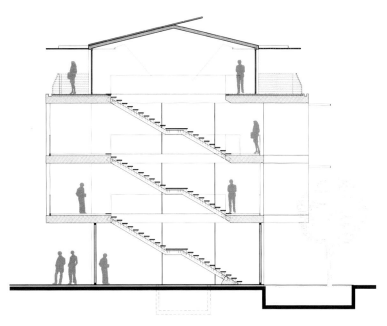

■ Sezione BB - Scala 1:200
BB Section - Scale 1:200

CREDITS

Location: Barletta,
Province of Barletta-Andria-Trani
Client: Edil Bari
Completion: 2010
Gross Floor Area: 3,242 m²
Cost of Construction: 2.500.000 Euros
Architect: Alvisi Kirimoto + Partners
Contractor: Edil Bari

Suppliers
Flooring: Cotto d'Este
Cladding: Edilit
Sun Shading Louvers: Zenit

Photo by:
Luigi Filetici (pag. 50,54,56,57,59)
Giorgio Cecca (pag. 58)
Courtesy Alvisi Kirimoto + Partners

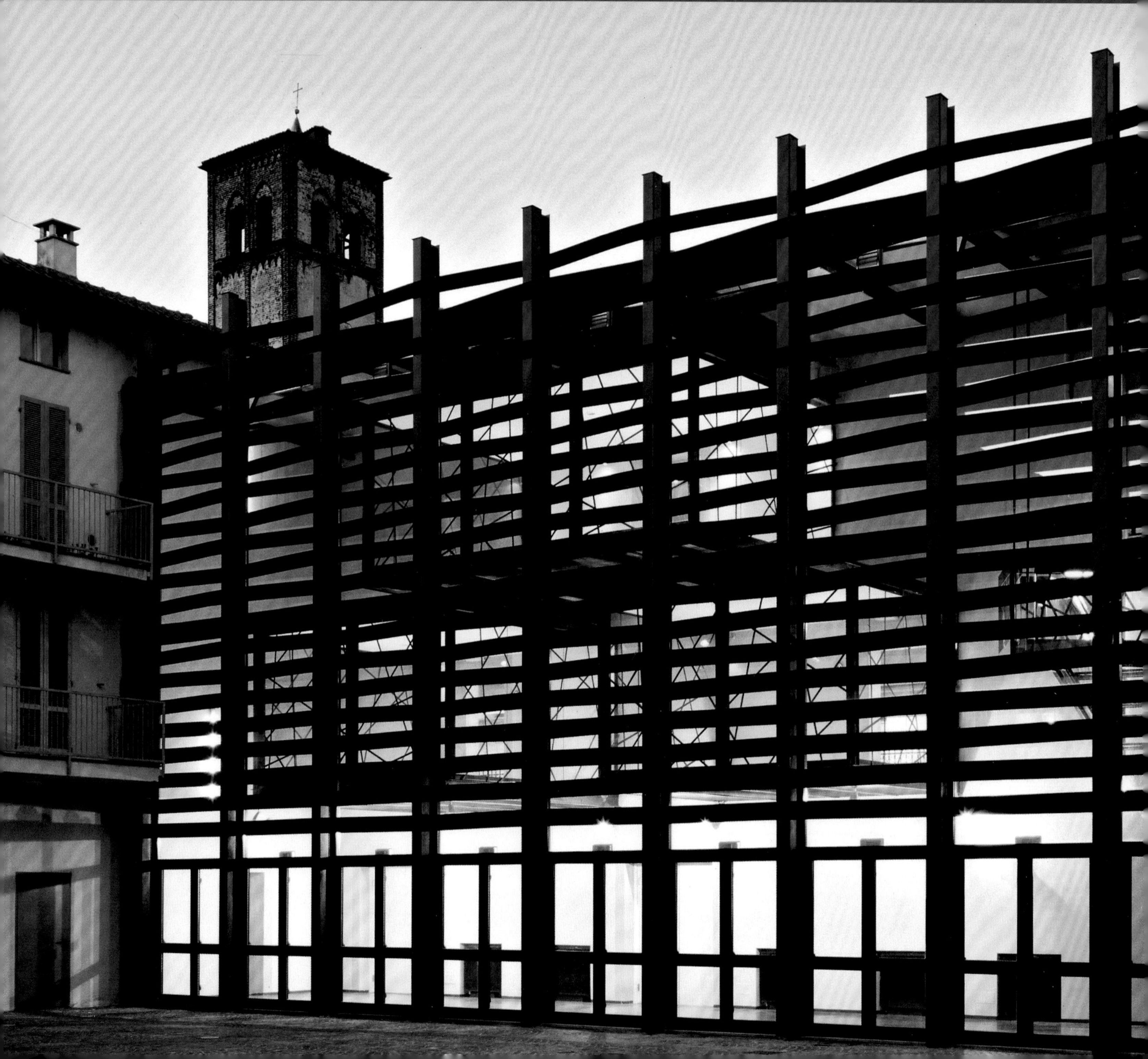

Intrecciare materie e spazi:
ampliamento ex teatro civico a Trino Vercellese

Il progetto di riqualificazione degli ambiti urbani storici di Trino Vercellese, inserito nel programma di interventi promossi dalla Regione Piemonte in occasione delle Olimpiadi invernali a Torino del 2006, si suddivide in differenti tipologie d'intervento. In primo luogo, lo studio a sistema delle aree e dei percorsi pedonali segue l'ipotesi di ampliare e connettere percezione complessiva e funzioni nel tessuto storico di Trino. Il progetto indaga e definisce la gerarchia delle vie, nella stratificazione dei tracciati fra i periodi romano medievale e barocco, connette percorsi fra vie, piazze, angoli da scoprire della città, predispone pavimentazioni differenziate, coniugando per combinazioni distinte le vie e i materiali: il porfido, l'acciottolato con trottatoie in lastre per vie con diverso grado valutativo, lastre pregiate per spazi urbani rilevanti o appartati. In secondo luogo, interventi architettonici di tipo puntuale, con nuova edificazione: la riqualificazione del Teatro civico; la costruzione di una piastra, ulteriore intervento a duplice funzione: copertura di un parcheggio e nello stesso tempo superficie per un campo sportivo sopraelevato due metri sulla quota di riferimento stradale, con una gradinata in legno d'accesso che identifica uno spazio aggregativo di sosta.

L'ampliamento del Teatro Civico, che nel tempo ha perso le funzioni originarie per assumere il valore di "luogo di ritrovo", mostra uno spaccato di architettura contemporanea, inserito in un contesto storico. La sala teatrale

Interweaving Materials and Spaces:
Extension of a Former Theatre in Trino Vercellese

The redevelopment of historic urban areas in the town of Trino, part of the Piedmont Region's program of works in preparation for the 2006 Turin Winter Olympics, included a number of different projects. Firstly, pedestrian zones and footpaths were planned to connect and improve the visibility of the various functions of the town's historic centre. This project involved defining the hierarchy of the streets - an overlapping of the Roman, medieval and Baroque periods - and connecting paths between streets, squares and corners. Different paving materials were associated with different streets: porphyry and cobblestones with stone slab carriage-ways were used in less significant streets, while high-quality stone slabs were used in both major and more out-of-the-way spaces. The second part of the works was architectural, including the redevelopment of the civic theatre and the construction of a roof over a parking area to form the surface of a sports field two meters above street level, accessed by a timber staircase, creating an area for social interaction.

The extension of the civic theatre, which no longer served its original function but had become a popular meeting place in the town, represents something of a cross-section of contemporary architecture but in a historical setting. The auditorium is entirely open and visible, with two open galleries protected by a simple metal railing that follows the perimeter of the original walls. The space has a modest quality in which a feature is the bar counters, on the

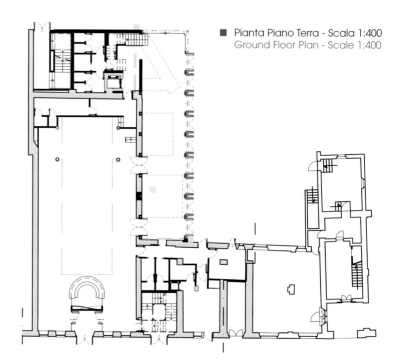

■ Pianta Piano Terra - Scala 1:400
Ground Floor Plan - Scale 1:400

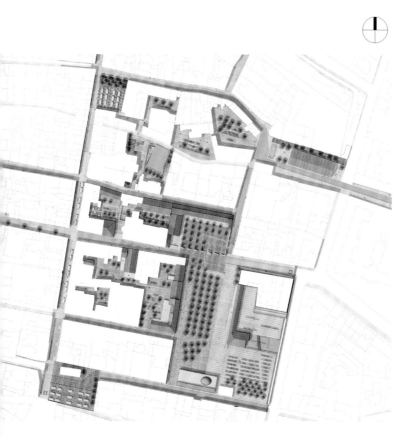

■ Planimetria - Scala 1:4000
Site Plan - Scale 1:4000

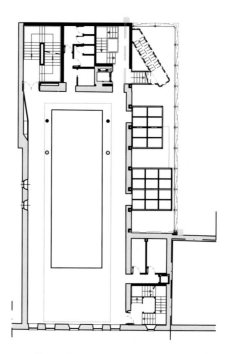

■ Pianta Piano Primo - Scala 1:400
1ST Floor Plan - Scale 1:400

appare svuotata, il volume interno si legge nella sua interezza, con due loggiati aperti e protetti da una semplice ringhiera metallica che seguono il perimetro delle antiche murature: lo spazio assume una qualità non aulica, in cui si evidenzia la struttura dei banconi bar, a piano terreno e nei due loggiati, a forma semicircolare, rivestiti da lamine in acciaio Cor-ten. La sala diviene così luogo accogliente, quasi familiare, per ristoro e di sosta, pur senza escludere attività di tipo performativo, anche artistiche. Il nocciolo architettonico del progetto si incentra sull'ampliamento verso la piazza: all'esterno identificare con un apparato di contemporaneità la trasformazione del Teatro; all'interno, fornire un luogo-filtro per l'accesso, uno spazio leggibile nella sua grande altezza, equiparabile alla sala, e proporre ulteriori ambienti pregiati, collocati nella verticalità del nuovo spazio. Una vetrata continua per l'intera altezza costituisce l'involucro interno dell'ampliamento, su cui si situano le porte d'ingresso; il rivestimento diviene un elemento ad un tempo architettonico e scultoreo: lamine di acciaio Cor-ten si intrecciano come un vimini metallico su una struttura modulare di montanti in acciaio, unendo l'aspetto tecnologico alla simulazione di un elemento del saper fare artigianale. All'interno, lo spazio è contrassegnato da tre "scatole" vetrate, con lastre antisfondamento ai lati e a pavimento, montate su travi e aggrappate a diversa altezza alla struttura portante in acciaio: ambienti "abitabili" e complementari alla sala interna, nel segno della modernità. Un'aerea scala nel volume dell'ampliamento collega i due livelli di piano superiori: un oggetto che assimila forza e trasparenza, struttura in acciaio, parapetto in vetro con decoro in lamine d'acciaio, gradini e pianerottoli in lamiera martellinata e mancorrente che incorpora un elemento illuminante.

ground floor and in the two galleries, which are semi-circular and finished with Cor-Ten steel. The room is therefore a comfortable, almost homely, space for refreshment and relaxation, while also providing performance space.
The architectural core of the design is the extension that extends out into the square. From the exterior, the extension, with its contemporary design, highlights the transformation of the theatre, while on the interior, it provides an entry area, distinguished by its considerable height, that is comparable to the auditorium itself. It also provided additional more luxurious spaces on the upper levels. A glazed wall, which extends for the entire height of the structure and incorporates the entrance doors, forms the interior shell.
Outside, the cladding is both an architectural and sculptural element: sheets of Cor-Ten steel interweave like metallic wickerwork on a modular structure of steel uprights. The result is a combination of technology and simulated handiwork. Inside, the space is distinguished by three glazed 'boxes', with shatter-proof glass on the sides and floor, mounted on beams and connected to the steel supporting structure at different heights, forming "liveable" spaces, in addition to the main hall, marked by their modern appearance.
An aerial stairway connects the two upper floors of the extension. With its steel structure, glass balusters, sheet steel decorative work, hammered sheet metal treads and landings, and a handrail with incorporated lighting, this structure creates the impression of both strength and transparency.

■ Sezione - Scala 1:200
Section - Scale 1:200

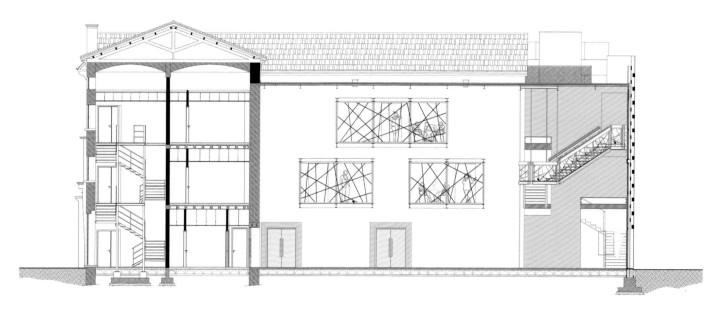

■ Sezione - Scala 1:200
Section - Scale 1:200

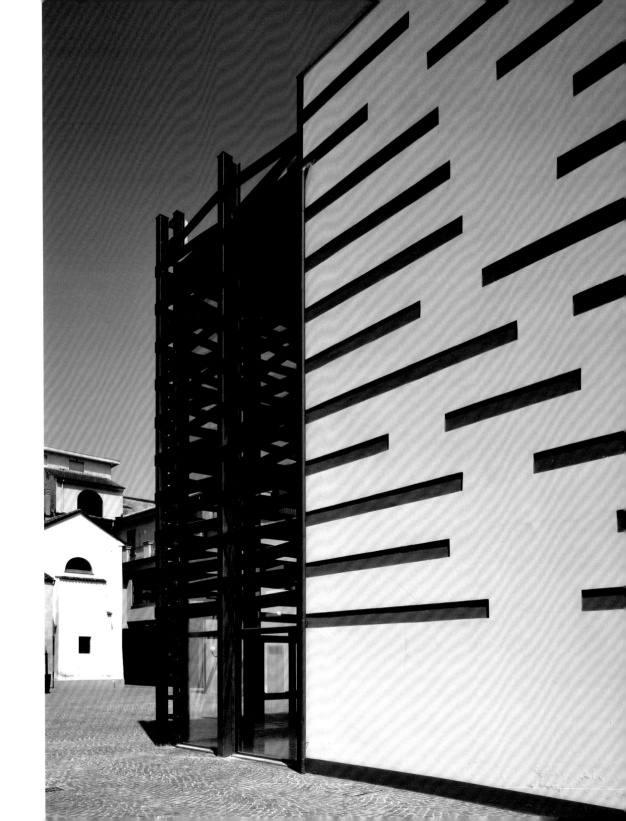

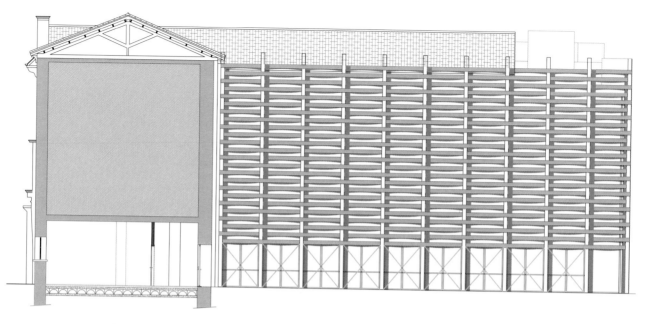

■ Prospetto Ovest - Scala 1:200
West Elevation - Scale 1:200

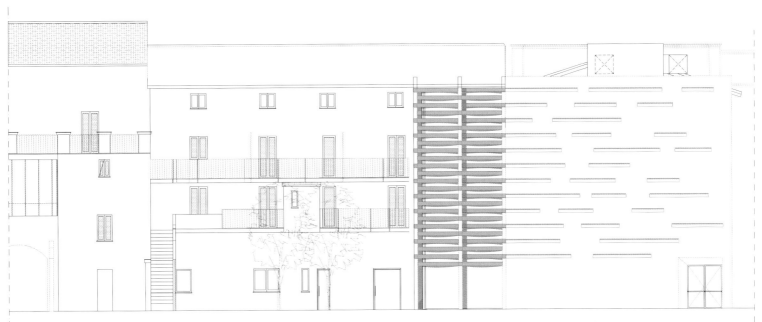

■ Prospetto Sud - Scala 1:200
South Elevation - Scale 1:200

DETTAGLIO: FACCIATA ESTERNA
SCALA 1:25

1- Piastra di fissaggio della schermatura in acciaio
2- Pannello di copertura coibentato (tipo Metecno A42-P100-44 s=0.8 mm)
3- IPE 180
4- Piastra = 200x180x15
5- Serramento metallico con vetro termoacustico tipo "vetrocamera" - 15 mm
6- Profilo composto HEA200+scatolare 200x200x10
7- Serramento tipo "naco" per aerazione e fuoriuscita fumi
8- Profilo HEA200
9- Schermatura in acciaio tipo "Cor-ten" h: 240 mm s: 4 mm
10- Guarnizione esterna per assicurare l'isolamento termico
11- Lampada di emergenza
12- Cerniera a freno con asse eccentrico
13- Cerniera a freno con asse eccentrico
14- Cordolo in pietra
15- Pavimentazione in resina su strato di pavimentazione radiante

DETAIL: EXTERNAL FAÇADE
SCALE 1:25

1- Steel plate fastening steel sun shading
2- 1/16" (0.8 mm) Metecno A42-P100-44 insulated roof panel
3- IPE 180 beam
4- 7 7/8 x 7 1/8 x 5/8" (200x180x15 mm) plate
5- 5/8" (15 mm) metal double glazing unit with thermo-acoustic glass
6- 7 7/8 x 7 7/8 x 3/8" (200x200x10 mm) HEA 200 composite beam
7- Naco louvers for ventilation and fume extraction
8- HEA 200 profile
9- 9 1/2 x 1/8" (240x4 mm) thick Cor-ten steel sun-shading
10- Exterior seal for thermal insulation
11- Emergency light
12- Eccentric hinge with stop
13- Eccentric hinge with stop
14- Stone sill
15- Resin flooring with embedded radiant heating

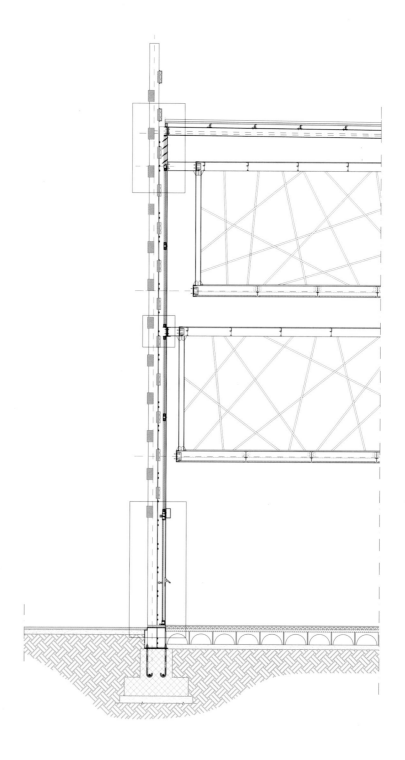

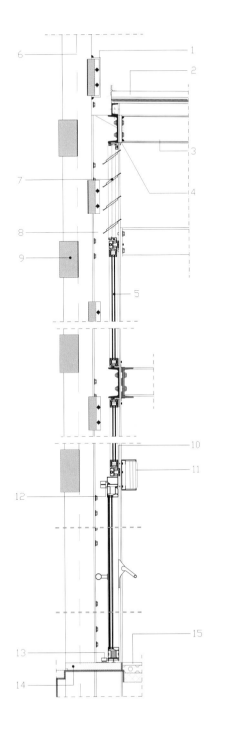

CREDITS

Location: Trino Vercellese, Province of Vercelli
Client: Vercelli Province
Completion: 2008
Gross Floor Area: 500 m²
Architect: Benedetto Camerana - Camerana&Partners
Design Group: Hermann Kohllöffel,
AI Engineering, AI Studio

Consultants
Structural: Sab Engineering,
Studio Furno Associati
Plant: Steci, Studio Isola-Boasso
Restoration: Raffaella Rolfo

Photo by Alberto Piovano
Courtesy Camerana & Partners

Segni d'architettura a Castelvetrano
La nuova Casa Comunale

Il nuovo edificio comunale a Castelvetrano si colloca nella parte nordoccidentale della città siciliana. Il progetto degli studi Santo Giunta & Partners, Orazio La Monaca Architetto, Tilotta & Titone, segue linee di ricerca di rilevante significato per la nuova costruzione che, insieme ad altri edifici pubblici in corso di realizzazione, insiste su un terreno confiscato alla mafia: una rilettura contemporanea di caratteri architettonici del tessuto costruito stratificato nella città storica, in primis gli elementi che contraddistinguono l'antico Palazzo comunale nel centro urbano. Necessario corollario di tale metodologia progettuale è l'ambizione di costituire con l'architettura della Casa Comunale un luogo di vivibilità urbana, uno spazio riconoscibile di ordine e composizione, al limitare della zona edificata e nella prospettiva paesaggistica che si pone come orizzonti di riferimento la campagna di uliveti, un lago, in lontananza il Mar Mediterraneo della classicità antica, manifesta nella straordinaria rilevanza dei Templi e dell'acropoli di Selinunte. Se questo è l'orizzonte geografico e concettuale, il progetto per la Casa Comunale definisce una porzione urbana in senso compiuto, attraverso un edificio che si eleva nel paesaggio e costituisce un riferimento d'orientamento, un'idea di riconoscibilità per caratteri di forma ed eleganza. La rilettura dell'antico Municipio di Castelvetrano conduce a riflettere sulle connotazioni che il tempo conferisce all'architettura, il tempo che diviene forma di radicamento dell'architettura in un contesto urbano di grande

Directions in Architecture in Castelvetrano
The New Town Hall

Castelvetrano's new town hall is located in the north-west of the Sicilian city. Along with a number of other public buildings that are currently under construction, it occupies land confiscated from the Mafia. Designed by Santo Giunta & Partners, Orazio La Monaca Architetto, Tilotta & Titone, the building reflects important new architectural directions as a contemporary reinterpretation of the old city's multilayered architectural fabric that focuses, in particular, on the key features of the old town hall.

As a necessary corollary of this design approach, the architect has attempted to construct through the architecture an urban hub - an identifiable space with its own distinct order and makeup. Located on the outskirts of the city, the building also reflects its backdrop of olive groves, a lake, and, in the distance, the Mediterranean Sea and the important architectural site of Selinunte, with its temples and acropolis. While this is the building's geographical and conceptual context, the new town hall also defines an urban area in its own right, by standing out in its landscape and providing a distinctive landmark through its design and elegant appearance.

The reinterpretation of the old Castelvetrano town hall invites us to consider the meanings that the passing of time gives architecture. Time has embedded the old town hall in its urban setting through the inherent meanings of the public spaces that link the buildings and churches in the old town centre. Elements that interconnect

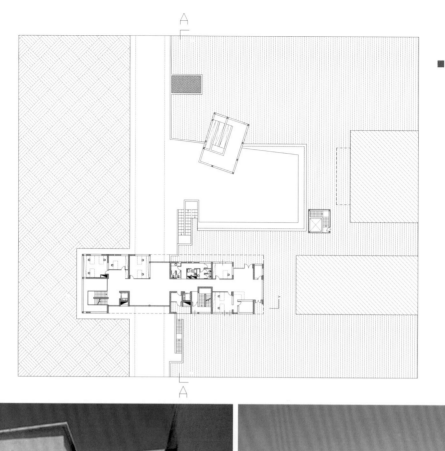

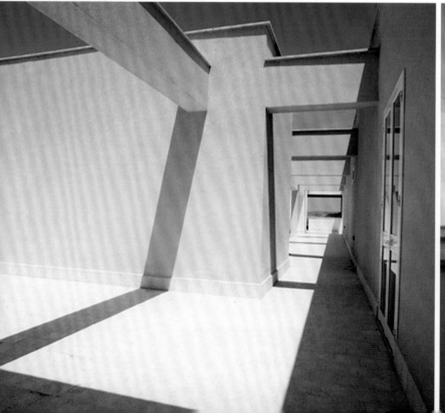

raffinatezza, per i valori costitutivi dello spazio pubblico che collega palazzi e chiese nel centro antico. Elementi di connessione e di intreccio, elementi di configurazione specificamente architettonica: il Palazzo comunale antico apre un maestoso portale su una via di collegamento, conglobando transito e rappresentatività, e si caratterizza per un solido coronamento a muro pieno che sovrasta l'ordine superiore delle finestre, una fascia che propone la pura consistenza geometrica e la fisicità dell'architettura come dato di astrazione dell'assetto decorativo. La Casa Comunale rinnova ipotesi di traduzione nella contemporaneità, agganciandosi al terreno con l'intreccio dei volumi e degli spazi: i piani di transitabilità si pongono a livelli diversi, la strada passante segna una permeabilità vigorosa dell'insieme architettonico, il volume dell'edificio in sé emerge nella coniugazione di una geometria elementare nella definizione dei contorni a parallelepipedo e di un'articolazione che scava ed arricchisce la forma all'interno della sagoma. Appare evidente la fascia superiore piena, a concludere come una trabeazione astratta il ritmo lineare del prospetto est, nell'edificio che si sviluppa su sei piani fuori terra e un piano seminterrato accessibile al pubblico, al livello della strada passante. Alla ragione compositiva si accompagna la ragione funzionale, in quanto il sesto livello di piano offre spazi di servizio e spazi aperti, come una serie di terrazze ed ambienti rivolti al corridoio centrale a pergolato, ottimali per ristoro e mensa aperta al pubblico. Il rapporto col paesaggio è fondamentale, un nucleo essenziale nella configurazione architettonica, espresso con lucidità nella struttura compositiva del sesto piano: la fascia "piena" che contraddistingue la Casa Comunale mostra

and interweave, elements that are specifically architectural - the old town hall has an imposing portal on a thoroughfare, thereby reflecting concepts of movement and political representation. The building is distinguished by its solid cornice above the upper row of windows, which encapsulates the geometric substance and physicality of the architecture as an abstraction of its decorative aspects.

The new town hall translates this into a contemporary setting in its interweaving of volumes and spaces. The transit areas occupy different levels, the road that passes through the building suggests a permeability of the architecture as a whole, while the volume of the building itself is expressed through the combination of the basic geometries that define the contours of its rectangular prism shape and an articulation that enriches interior shapes within its outlines.

The solid upper fascia, which, like an abstract cornice, terminates the linear rhythm of the eastern elevation, is an obvious feature of the building, which has six aboveground floors and a half-basement area accessible from street level. The compositional logic of the building is accompanied by its functional logic. The sixth floor has service areas and open spaces arranged as a series of terraces and rooms that face onto a central trellised corridor, forming the ideal settings for the public restaurant and canteen.

The building's relationship with the landscape is fundamental - a core element of the entire design. This is clearly

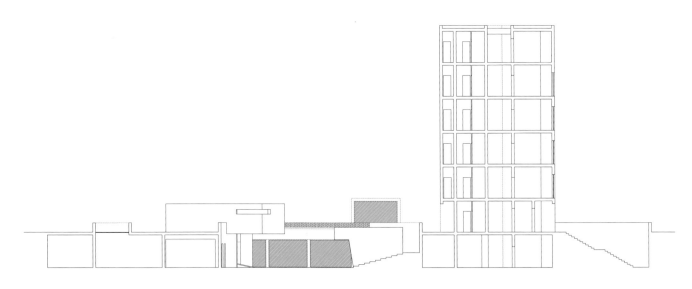

■ Sezione AA - Scala 1:400
AA Section - Scale 1:400

sul fronte ovest due aperture, quasi feritoie orizzontali, e sul prospetto nord si distende la grande apertura - priva di vetrata - che consente di interrogare con lo sguardo l'estensione pittorica del paesaggio, inquadrato in una cornice, come un dipinto. Relazioni di spazi "segreti", intense esperienze. E ragioni funzionali: la bucatura superiore sul fronte nord si unisce alla bucatura inferiore, formando un camino per la ventilazione naturale e lo smaltimento del calore. Sul fronte sud, l'edificio si articola con uno scavo nel volume, arretrando la parete di confine fra il terzo e il sesto livello. Si forma una grande "nicchia", all'interno del volume virtuale del parallelepipedo: le relazioni fra pieni e vuoti, fra rientranze ed aggetti formano contrasti progettati, che si possono assimilare ad una ricerca di un senso di decoro astratto attraverso la sovrapposizione di elementi geometrici e volumetrici, proiettando la simulazione di una stratificazione storica. Appare una sequenza verticale di finestre; le ampie finestre quadrate disassate, in aggetto crescente all'interno della rientranza, producono l'eccezione visiva e volumetrica nel tessuto regolare della finestre rettangolari e a filo di parete che si dispongono sui prospetti dell'edificio. Un'architettura delle ambivalenze: radicamento al suolo, con una pianta a livello seminterrato che si estende a C nella serie di uffici a pareti vetrate e compone una piazza urbana lastricata, e sopraelevazione nella piastra al livello di piano terra, accessibile attraverso percorsi e scale aperti che offrono scorci di nuvole e di cielo; la gravitas della fascia piena all'ultimo livello di piano in contrasto con arretramenti di parete ai piani inferiori; trabeazioni virtuali e reali che determinano processi di distinzione degli elementi architettonici in correlazione alle prospettive di cielo e paesaggio.

expressed in the design of the sixth floor. The "full" fascia that distinguishes the town hall has two openings - almost horizontal slits - on the western elevation, while there is a large unglazed opening on the northern side, which frames the landscape like a painting. Relationships between 'secret' spaces create an intense experience. And this is also functional, with the upper opening on the northern façade joining with the lower opening to form a kind of chimney for natural ventilation and heat extraction.

On the southern side, the building has a recessed section, with the exterior wall set back between the third and sixth levels. This forms a large "niche" within the virtual volume of the rectangular prism. Relationships between full and empty spaces, recessed and projecting surfaces, create contrasts that reflect an attempt to create a sense of abstract decoration through superimposing geometric and volumetric elements. The large offset square windows here follow a vertical sequence, progressively projecting further out the higher they get, creating a visual and volumetric break in the regularity of the flush rectangular windows on the other sides of the building.

The new Castelvetrano town hall is architecture of contrasts: the building is set into its terrain, with a floor plan at the half-basement level that forms a C-shape with a series of offices with glazed walls and a paved square, while at ground level, which is accessed by open walkways and stairs that offer views of the sky, it projects vertically above it; the solemnity of the solid fascia on the top floor level contrasts with the recessed wall of the floors below; the virtual and real cornices create an interplay that contrasts the architectural elements with the views of the sky and landscape.

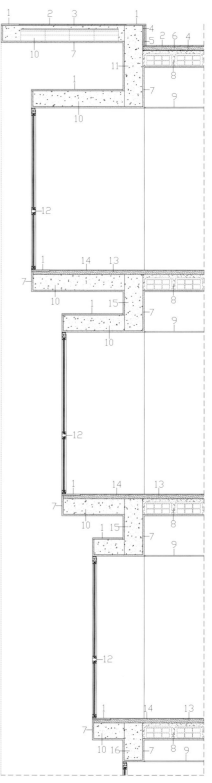

DETTAGLIO: SISTEMA COSTRUTTIVO
SCALA 1:60

1- Soglia In marmo con gocciolatoio
2- Pavimentazione in marmo
3- Malta cementizia
4- Impermeabilizzazione con guaina prefabbricata a base di bitume
5- Zoccolatura In marmo
6- Massetto isolante in conglomerato di granulato di argilla espanso
7- Intonaco
8- Solaio
9- Controsoffitto in cartongesso
10- Sbalzo
11- Trave in c.a. (cm 30x130)
12- Infisso In alluminio preverniciato
13- Pavimentazione in ceramica
14- Massetto di sottofondo per pavimentazioni
15- Trave in c.a. (cm 30x90)
16- Trave in c.a. (cm 30x60)

DETAIL: CONSTRUCTION SYSTEM
SCALE 1:60

1- Marble threshold with drip moulding
2- Marble flooring
3- Cement mortar
4- Bituminous waterproofing membrane
5- Marble skirting
6- Expanded clay aggregate insulation layer
7- Render
8- Slab
9- Gypsum board suspended ceiling
10- Overhang
11- 7/8 x 51 1/8" (300x1300 mm) reinforced concrete beam
12- Pre-painted aluminium frame
13- Ceramic flooring
14- Concrete screed for flooring
15- 11 7/8 x 35 1/2" (300x900 mm) reinforced concrete beam
16- 11 7/8 x 23 5/8" (300x600 mm) reinforced concrete beam

CREDITS

Location: Castelvetrano, Province of Trapani
Client: Castelvetrano Municipality
Completion: 2008
Gross Floor Area: 4.920 m²
Architects: Santo Giunta, Orazio La Monaca, Leonardo Tilotta, Simone Titone
Design Team: Vincenzo Mangiaracina, Francesco Cannova, Dina Leone
Contractor: Ingegneria e Costruzioni

Suppliers
Aluminium Window Frames: Greco
False Ceilings: Knauf
Marble Flooring: Giuseppe Arcabascio
Sanitary Fittings and Bathroom Finishes: Nina Ceramiche
Exterior Render: Buffa
Plaster: Sicilgesso
Air Conditioning: Commerciale Siciliana
Electrical System: Strano
Plumbing: Idrotermica

Photo by:
Lamberto Rubino (pag. 70,74,76,77)
Nunzio Battaglia (pag.72)
Courtesy Orazio la Monaca Architetto

Palazzo Deca

Analogie progettuali si verificano nel Palazzo Deca, per uffici e residenze, situato a Castelvetrano a poca distanza dalla nuova casa Comunale. Nell'ideazione di Orazio La Monaca, l'edificio accetta il forte dislivello del terreno fra le due vie parallele e lo rende componente di progetto, con i primi due livelli fuori terra che si addossano longitudinalmente alla scarpata. Il volume disegna un parallelepipedo virtuale, in cui si apprezza il rilevante arretramento dei primi due livelli fuori terra e la forma del piano attico con l'evidenza della trabeazione in cemento armato a ricostituire la continuità virtuale del prospetto. Un'architettura che procede per accostamenti significativi, fra pieni e vuoti, fra arretramenti ed aggetti conseguenti, relazionando le parti per contrapposizione. Per i piani residenziali, ad intonaco chiaro, la composizione delle aperture mostra una geometria non irrigidita sugli allineamenti o sulle simmetrie: sul prospetto orientale, i balconi interni al filo di facciata creano grandi aperture formando vere e proprie logge; il prospetto occidentale offre una tessitura di finestre di taglio rettangolare e stretto. Il basamento dei due livelli ad uffici presenta un rivestimento a lastre ceramiche scure, che ne sottolinea il senso di zoccolo, e un'orditura regolare di ampi pannelli quadrati in legno; all'interno di ciascun pannello, si aprono quattro finestre quadrate, in posizione perimetrale secondo un disegno regolare e ripetuto, con conseguenti effetti combinatori d'illuminazione naturale per gli interni. La forma della luce distingue così fra uffici e residenze; allo stesso modo pieni e vuoti si raffrontano in un tessuto di accenti architettonici, fra la superficie piena dell'angolo nord-ovest, risvolto di forte segno, e la smaterializzazione degli angoli al piano attico, segnati dalla trave che inquadra l'edificio e l'orizzonte nel medesimo tempo.

Palazzo Deca

Similarities in design approach can be found in Palazzo Deca, an office and residential building located a short distance from the new Castelvetrano town hall and also designed by La Monaca. The building accommodates its sloping site, located between the two parallel streets, making it a part of the design, with the first two aboveground levels following the slope longitudinally. The building forms a virtual rectangular prism, distinguished by the obvious set back of the first two aboveground floors relative to the upper levels and the shape of the top floor, with its reinforced concrete cornice extending the virtual continuity of the wall.
This is architecture based around an overlapping of meaningful contrasts - between full and empty, recessed sections and the resulting projections. On the residential floors, distinguished by their light colour plastering, the composition of the openings avoids rigid alignments or symmetries. On the eastern side, the balconies set back from the line of the façade create large, loggia-like openings, while the western elevation has a interweaving of narrow, rectangular windows. The two lower floors, occupied by offices, have dark ceramic tile cladding, creating a plinth-like appearance, and a series of uniform square timber sections. Within each timber section are four square windows, occupying the same positions round the edges, providing natural light for the interior. The shapes of the windows therefore differentiate the office area from the residential area. Similarly, the interplay of full and empty spaces is a key feature of the architecture, with the strong statement of the full surfaces of the north-west corner contrasting with the empty corners of the top floor, created by a beam that simultaneously frames the building and the horizon.

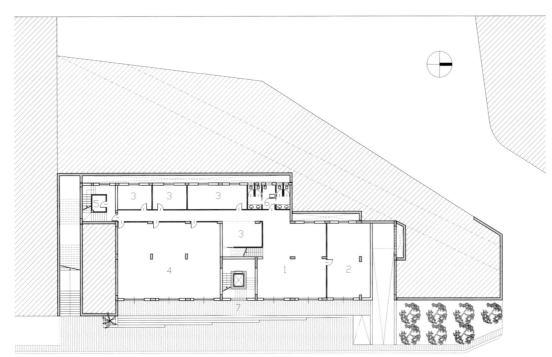

■ Pianta Piano Terra - Scala 1:500
Ground Floor Plan - Scale 1:500

1- Sala d'attesa
2- Sala conferenze
3- Archivio
4- Uffici open-space
5- Ripostiglio
6- Servizi igienici
7- Portico

1- Waiting room
2- Conference room
3- Records room
4- Open-space offices
5- Storage area
6- Bathrooms
7- Porch

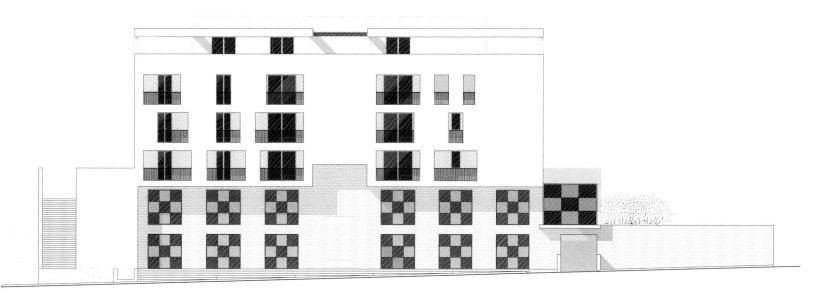

■ Prospetto Est - Scala 1:300
East Elevation - Scale 1:300

DETTAGLIO: SISTEMA COSTRUTTIVO
SCALA 1:50

1- Soglia In marmo con gocciolatoio
2- Malta cementizia
3- Blocchi di laterizi forati
4- Rivestimento in marmo
5- Sbalzo
6- Pavimentazione in marmo
7- Massetto Isolante In conglomerato
   di granulato di argilla espanso
8- Impermeabilizzazione con guaina
   prefabbricato a base di bitume
9- Trave In c.a. (cm 120x21)
10- Solaio
11- Pavimentazione in ceramica
12- Massetto di sottofondo per
   pavimentazioni
13- Trave in c.a. (cm 30x50)
14- Rivestimento in ceramica
15- Intonaco
16- Infisso in legno massello

DETAIL: CONSTRUCTION SYSTEM
SCALE 1:50

1- Marble threshold with drip moulding
2- Cement mortar
3- Perforated masonry blocks
4- Marble cladding
5- Overhang
6- Marble flooring
7- Expanded clay aggregate
   insulation layer
8- Bituminous waterproofing membrane
9- 47 1/4 x 8 1/4" (1200x210 mm)
   reinforced concrete beam
10- Slab
11- Ceramic flooring
12- Concrete screed for flooring
13- 11 7/8 x 19 3/4" (300x500 mm)
   reinforced concrete beam
14- Ceramic finish
15- Render
16- Solid timber frame

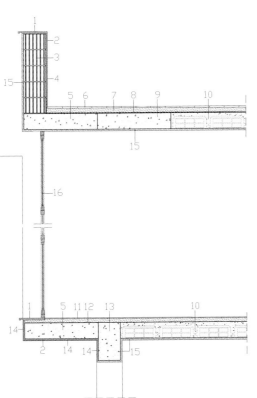

CREDITS

Location: Castelvetrano, Province of Trapani
Client: Deca Consulting
Completion: 2008
Gross Floor Area: 2.070 m²
Architect: Orazio La Monaca
Design Team: Vincenzo Mangiaracina,
Francesco Cannova, Rosa Maria D'Antoni, Dina Leone,
Francesco La Barbera, Maria Barbera, Benedetto Monachella
Main Contractors: Archimedil, Cascio Costruzioni

Suppliers
Timber Doors and Windows: Desi Legno
Tiles: Cia Pirrello

Photo by:
Lamberto Rubino (pag.78,80,81)
Ignazio Marino (pag.82,83)
Courtesy Orazio la Monaca Architetto

Architettura di rappresentatività: Autorità Portuale a Ravenna

La nuova sede dell'Autorità Portuale di Ravenna è il primo di un insieme di interventi compresi nel piano di riconversione urbana, in seguito alla dismissione delle attrezzature portuali nell'ultima parte del Canale Candiano a Ravenna. La nuova costruzione rappresenta uno snodo necessario per il collegamento fra la città storica e il porto, nella prospettiva di sviluppo urbano: il ruolo istituzionale dell'Autorità Portuale determina un forte significato per l'edificio, tale da generare un punto di riferimento per l'intera zona della Darsena.

L'edificio si dispone parallelamente al Canale Candiano, delineando un volume dai caratteri di solidità materica e percettiva, assecondando il principio di un'architettura dichiaratamente rappresentativa. L'intero edificio vive in relazione diretta con il canale: il progetto ne individua un carattere fondamentale nella continuità dell'affaccio sul corso d'acqua. La formazione di un basamento in pietra chiara concorre a fornire riconoscibilità per l'edificio, nel contrasto con l'involucro di parete in mattoni faccia a vista. Il piano terra s'innalza ad una quota di 1,50 m rispetto al livello stradale, con rampe e gradinate per l'ingresso: all'interno della costruzione si costituisce una piazza pubblica, accessibile dai fronti stradali opposti, con un'apertura che si dilata verso il canale. La piazza interna è il fulcro architettonico, un nodo dei percorsi, uno spazio a grande altezza in cui si assemblano elementi

Institutional Architecture: Ravenna Port Authority

The new Ravenna Port Authority headquarters is the first of a series of operations in the urban conversion plan to use the deserted site of the port facilities at the end of the Canale Candiano, Ravenna. In the area to be developed the new building forms a necessary connecting hub between the old town and the port. Its institutional role as Port Authority makes this an important construction and a landmark for the whole waterfront district.

The building stands parallel to the Canale Candiano. It has a texturally solid imposing look, architecture making a public statement. The whole building relates directly with the canal which it is designed to overlook at all times. One distinctive feature is the plinth of light-coloured stone contrasting with the shell of exposed brickwork. The ground floor stands 1.5 m above street level, served by access ramps and stairs. Inside it opens into a kind of public square accessible from the street fronts on opposing sides and an opening out towards the canal. This court is the architectural fulcrum, a meeting of the ways, a tall, tall space in which a number of accentuated features converge: one such is the staircase which receives light from lofty windows and, as the flights proceed from landing to landing, blends a variety of materials: stone, steel and glass banister. This central square roofed in glass has all the feeling of a courtyard, ringed by the stages of this multi-storey building.

■ Pianta Piano Tipo - Scala 1:400
Typical Floor Plan - Scale 1:400

1- Atrio	1- Atrium
2- Portico	2- Porch
3- Galleria	3- Concourse
4- Ufficio Demanio	4- Property Office
5- Ufficio capo Sez. Demanio	5- Property Division Manager Office
6- Ingresso sala conferenze	6- Conference Room Entrance
7- Sala conferenze	7- Conference Room
8- Spogliatoio	8- Changing Room
9- Accesso garage	9- Garage Entrance
10-Ufficio tecnico	10-Technical Office
11-Sala riunioni	11-Meeting Rooms
12-Ufficio capo Sez. Serv. Tecnico	12-Technical Division Manager Office
13-Ufficio capo Serv. Tecnico	13-Head Technician Office
14-Segreteria	14-Secretariat
15-Ufficio capo Sez. Sicurezza	15-Security Division Manager Office
16-Ufficio Sicurezza	16-Security Office
17-Segreteria Sicurezza	17-Security Secretariat
18-Archivio	18-Records Room
19-Sala plotter	19-Plotter Room

■ Pianta Piano Terra - Scala 1:400
Ground Floor Plan - Scale 1:400

di rilievo, che comportano accenti: il corpo scale riceve luce da un'alta finestratura, si sviluppa con rampe e pianerottoli, unendo pietra, acciaio e vetro per la balaustra. Al valore di piazza urbana si unisce la funzione di corte, un vuoto centrale con copertura trasparente, attorno al quale si assestano i livelli di piano dell'edificio.

La piazza è raggiungibile da tre lati con un sistema di portici/passaggi coperti, rampe e gradinate: si forma una continuità di percorsi pubblici fra i fronti dell'edificio, moltiplicando scorci visuali.

Al di sopra del basamento in pietra un involucro in mattoni racchiude l'intero volume dell'edificio. Il rivestimento in laterizio coniuga un generale richiamo estetico a memorie e tradizioni costruttive della città con la formazione di pareti ventilate, con sistema di coibentazione interno e contropareti in cartongesso. Le facciate dell'edificio sono contrassegnate da una composizione a struttura lineare che accresce il carattere di orizzontalità: le aperture finestrate a nastro corrono lungo i prospetti, a filo di parete o incassate, come tagli luminosi.

Three of its sides admit the public by a system of arcades and passages connecting by ramps and steps to the frontage of the building and varying the perspective for the eye.

Above its stone base runs a swathe of brickwork which combines a tribute to the town's past building tradition and the creation of ventilated curtainwalling, insulated on the inner face and finished in plasterboard. Horizontal lines predominate on the outer façades of the building: ribbon windows run flush with the outer edge or are inset like slits of light.

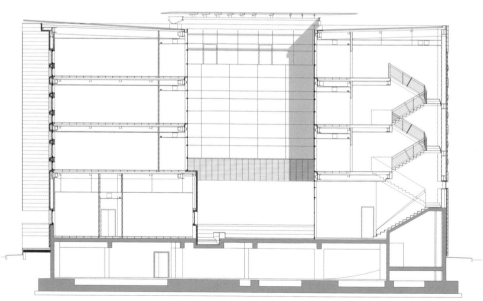

■ Sezione BB - Scala 1:300
BB Section - Scale 1:300

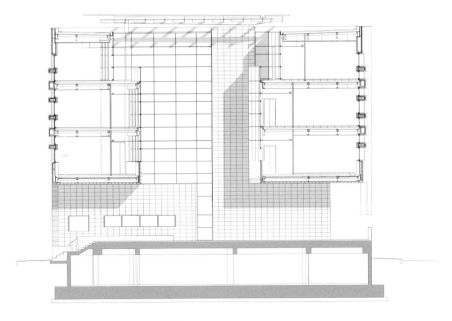

■ Sezione AA - Scala 1:300
  AA Section - Scale 1:300

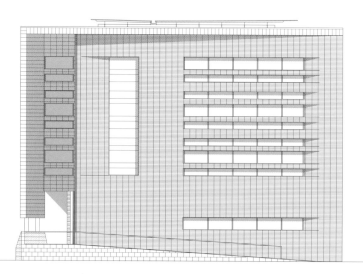

■ Prospetto Nord - Scala 1:300
North Elevation - Scale 1:300

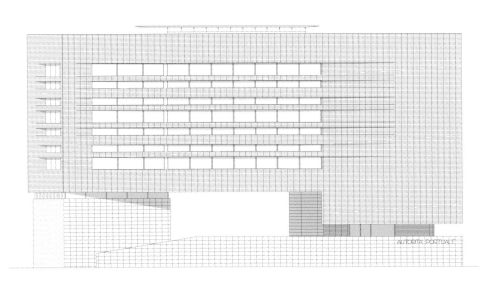

■ Prospetto Est - Scala 1:300
East Elevation - Scale 1:300

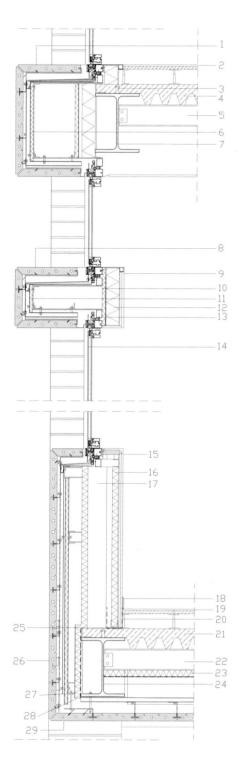

DETTAGLIO: PARETE VENTILATA
SCALA 1:25

1- Pannelli parete ventilata in laterizio
2- Pavimento galleggiante
    (solfato calcio sp. cm 3 + gres
    porcellanato/legno cm 1)
3- Connettori a piolo
4- Solaio collaborante
    su lamiera grecata
5- Trave IPE 140
6- Pannello sandwich cm 2.5
7- Trave Hea 400
8- Pannelli parete ventilata in laterizio
9- Controparete in cartongesso 2 lastre
    (13+15) con fissaggio sfalsato e
    montanti ogni 60 cm
10- Controtelaio
11- Pannello sandwich cm 2.5
12- Strato di lana di fibra minerale 8 cm
13- Pannello sandwich cm 2.5
14- Infisso in alluminio a taglio termico
15- Controparete in cartongesso 2 lastre
    (13+15) con fissaggio sfalsato
    e montanti ogni 60 cm
16- Strato di lana di fibra minerale 4 cm
17- Blocco poroton 14x28x12 cm
18- Zoccolino battiscopa in
    legno colore parete cm 8x1
19- Pavimento galleggiante (solfato
    calcio sp. cm 3 + gres
    porcellanato / legno cm 1)
20- Guaina impermeabilizzante
21- Solaio collaborante su lamiera
    grecata
22- Trave ipe 140
23- Isolante con barriera al vapore cm 4
24- Trave hea 400
25- Nastro di polietilene sp. mm 5
26- Pannelli parete ventilata in laterizio
27- Pannello sandwich cm 2.5
28- Isolante con barriera al vapore cm 4
29- Pannelli parete ventilata in laterizio

DETAIL: VENTILATED WALL
SCALE 1:25

1- Terracotta panels
2- Floating floor in 1 1/4" (30 mm) thick
    calcium sulphate and 3/8" (10 mm)
    porcelain stone/wood
3- Pin connector
4- Composite slab on corrugated
    sheeting
5- IPE 140 beam
6- 1" (25 mm) sandwich panel
7- HEA 400 beam
8- Terracotta panels
9- Wall inner leaf consisting
    of 5 1/8 + 5 7/8" (130+150 mm) gypsum
    board with staggered fasteners and
    studs every 23 5/8" (600 mm)
10- Counter frame
11- 1" (25 mm) sandwich panel
12- 3 1/8" (80 mm) mineral wool layer
13- 1" (25 mm) sandwich panel
14- Thermal cut
    aluminium window frame
15- Wall inner leaf consisting
    of 5 1/8 + 5 7/8" (130+150 mm) gypsum
    board with staggered fasteners and
    studs every 23 5/8" (600 mm)
16- 1 5/8" (40 mm) mineral wool layer
17- 5 1/2 x 11 x 4 3/4" (140x280x120 mm)
    Poroton block
18- 3 1/8 x 3/8" (80x10 mm) timber skirting
    board in same colour as wall
19- Floating floor in 1 1/4" (30 mm) thick
    calcium sulphate and 3/8" (10 mm)
    porcelain stone/wood
20- Waterproofing sheath
21- Composite slab on
    corrugated sheeting
22- IPE 140 beam
23- 1 5/8" (40 mm) insulation
    with vapour barrier
24- HEA 400 beam
25- 1/16" (5 mm) thick polyethylene tape
26- Terracotta panels
27- 1" (25 mm) sandwich panel
28- 1 5/8" (40 mm) insulation
    with vapour barrier
29- Terracotta panels

CREDITS

Location: Ravenna
Client: Ravenna Port Authority
Completion: 2007
Gross Floor Area: 2600 m²
Cost of Construction: 4.500.000 Euros
Architect: Anita Sardellini - Sardellini Marasca Architetti
Cost Control and Security: Paolo Marasca
Works Management: Anita Sardellini, Paolo Zoppi
Contractor: Comes

Consultants
Structural: Paolo Zoppi, Andrea Dall'Asta
Plant: Elleci Progetti

Suppliers
Terracotta Cladding: Il Palagio
Accessorised Mobile Walls: Methis

Photo by Pietro Savorelli
Courtesy Sardellini Marasca Architetti

Funzionalità ed espressione: Gazoline, stazione di servizio

Un oggetto molto frequente e visibile nel paesaggio, che dovrebbe esser luogo d'architettura, per la sua diffusione nel territorio: le stazioni di servizio per il rifornimento di carburante, che talvolta propongono per contratto l'allestimento di spazi ed ambienti per la sosta ed il ristoro, esprimono per solito immagini e realtà livellate, quasi indifferenziate, riconoscibili soprattutto dai colori aziendali delle società petrolifere o per l'assenza delle insegne di marca, nei casi di impianti liberi, "bianchi". Standardizzazione, nel caso delle stazioni di rifornimento di carburante, non significa l'applicazione di concezioni progredite, dal punto di vista architettonico o dell'accoglienza alla clientela; l'atteggiamento generale è forse più indirizzato alla configurazione indistinta di gabbiotti per il personale, postazioni per l'erogazione dei carburanti, ripetitive tettoie metalliche di copertura, servizi igienici, nel rispetto delle prescrizioni normative, ma senza aggiungere elementi di differenziazione specifici, anche a detrimento di una strategia che potrebbe cogliere nella riconoscibilità dell'impianto e dell'azienda (petrolifera o singola) un fattore di sviluppo commerciale. Di fatto, il rifornimento di carburante viene considerato alla stregua di quelle operazioni "necessarie", per le quali inevitabilmente la clientela arriva. Il ragionamento potrebbe forse apparire esente da grinze dal punto di vista del minimo impegno di risorse; tuttavia in tempi in cui la clientela deve essere anche conquistata, si potrebbe prestare maggior attenzione a considerazioni di natura progettuale - alla ricerca di

Functionality and Expression: Gazoline Service Station

Since they are such common, highly visible landmarks, there is no reason that the architecture of service stations shouldn't be a feature. Although they sometimes offer areas for dining and breaking one's trip, they are generally highly standardized and appear almost identical, one only distinguishable from the next because of their corporate colours or, in the case of independent operators, the absence of them. But this standardization isn't the result of some advanced architectural or customer service concept. The approach taken in designing these structures is generally more about creating featureless cages for staff, pumping bays, repetitive metal canopies and bathrooms that all comply with regulations but fail to add any form of unique personality. And this occurs even at the expense of creating brand recognition for the service station or company, which is a key factor in business growth. In fact, the supply of fuel is simply regarded as a 'necessity' for which customers will inevitably materialise. This reasoning might appear flawless from the perspective of a minimum commitment of resources. However, at a time when customers need to be won over, it may be useful to pay more attention to design considerations - to look for basic ways and means to make service stations both efficient and distinctive. It would also be worthwhile to consider environmental concerns, in particular as regards the impacts on the setting of such commonplace constructions. Quality architectural design has the potential to add aesthetic (as well as functional) value to our

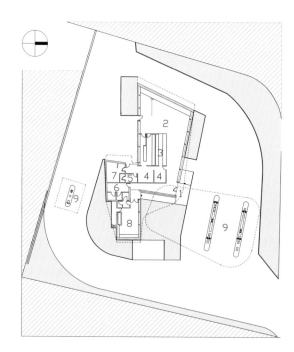

■ Pianta Piano Terra - Scala 1:1000
Ground Floor Plan - Scale 1:1000

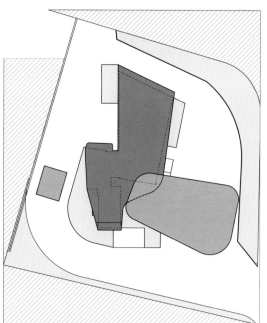

■ Pianta Copertura - Scala 1:1000
Roof Plan - Scale 1:1000

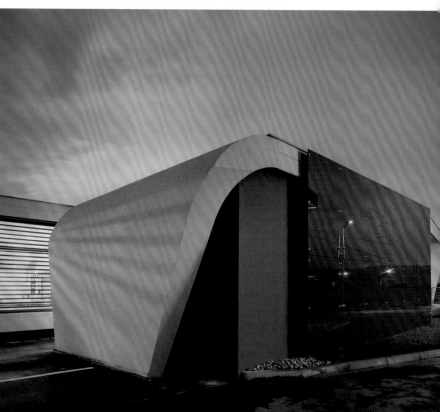

1 - Entrata principale
2 - Ristoro
3 - Bar
4 - Cucina
5 - Spogliatoio
6 - WC
7 - Dispensa
8 - Ufficio gestore
9 - Distributore carburante

1 - Main Entrance
2 - Restaurant
3 - Bar
4 - Kitchen
5 - Dressing
6 - WC
7 - Storeroom
8 - Office Manager
9 - Fuel Distributor

fondamenti e caratterizzazioni per render efficace e distinguibile l'impianto - e alle esigenze di natura ambientale, in particolare per gli effetti apportati nel paesaggio urbano od extraurbano da un oggetto così diffuso. Una configurazione architettonica qualitativamente significativa potrebbe aggiungere valori estetici (e funzionali) ai bordi delle strade italiane, che già soggiacciono ad un onnipresente anonimato di capannoni ed attrezzature costruite. Tornare così a esperimenti architettonici per un oggetto che ha, nel tempo, racchiuso anche impliciti simbolismi di modernità, cifra del movimento personale che si veniva imponendo come un carattere diffuso delle società industrializzate: un oggetto al quale, soprattutto in periodi di razionalismo architettonico e di attenzione alle strutture del moderno, associare un impegno d'elaborazione. Il progetto condotto da DamilanoStudioArchitects per Gazoline, impianto di rifornimento situato lungo una via di scorrimento in una frazione di Cuneo, si rende coerente all'idea di denotare non solo la forma, ma di incrementarne il significato di luogo di sosta. Definire caratteri d'architettura e funzionalità: l'oggetto diviene una costruzione complessa, intessuta di funzioni e di espressività, un luogo che possa fornire motivi per l'interruzione momentanea del viaggio. L'idea generatrice per l'edificio si orienta ad una forma continua, un nastro in cemento che rappresenti il dinamismo del viaggio, un elemento rapido e fluido che scorre sul terreno come il cemento ad elevata fluidità che lo costituisce scorre nelle particolari casserature utilizzate per l'edificio. I setti inclinati, le pareti curve, i raccordi arrotondati fra setti, copertura e soletta a piano terra, l'aggetto curvilineo della copertura che collega sul fronte principale l'ampio nucleo riservato al ristoro con la zona degli uffici, sono i componenti che rendono evidente la dinamicità della forma architettonica. Pareti vetrate continue chiudono il nastro dell'edificio sui fronti nord e sud, con serramenti

roadsides, which are presently so cluttered with anonymous buildings. We could even return to experimenting with the architecture of this structure, which, in the past, came to symbolize modernity and personal mobility as key elements of industrialized societies. This is a structure that merits closer attention - particularly during periods of architectural rationalism and when the focus is on modernity.

The design by DamilanoStudioArchitects for "Gazoline", a service station situated in a suburb of the Italian town of Cuneo, not only has a unique form, but also enhances the importance of the service station as a place for breaking one's trip. With its clearly defined architectural and functional characteristics, the design is complex and rich, both functionally and in what it expresses. It is a place that gives drivers a reason to stop.

The key idea behind the building was to create a continuous form - a concrete ribbon that symbolizes the movement of travel, a dynamic and fluid shape that flows along the ground in the same way that the high-fluidity concrete used to build it must have flowed through the special formwork used. The inclined structures, the curving walls, the curved overhang of the roof that connects the restaurant and bar areas to the office area, and the rounded links between the structures, roof and slab all underscore the dynamism of the design. Continuous glazed walls with aluminium frames close off the ribbon of the building to the north and south, following the curves of the joins in the exterior walls and adding a touch of elegance and distinction to the design. Sun-shading in aluminium pipe profiles on sliding tracks on the glazed walls provide protection from the sun and privacy for the interiors, while also contributing to the distinctive image of Gazoline as a construction that isn't immediately recognizable as a place that sells fuel.

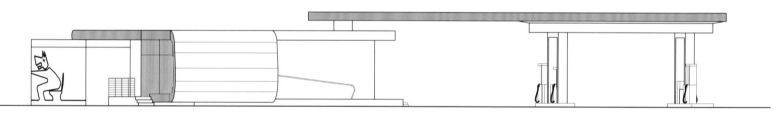

■ Prospetto Est - Scala 1:200
East Elevation - Scale 1:200

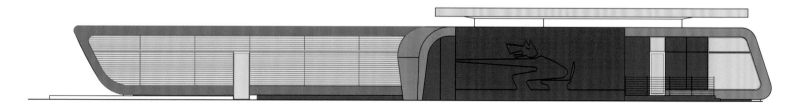

■ Prospetto Sud - Scala 1:200
South Elevation - Scale 1:200

in alluminio a traversi e montanti: vetrate e serramenti seguono le curve dei raccordi nelle facciate, proponendo un tratto di eleganza e di distinzione architettonica. Frangisole in tubolare d'alluminio, montati su carrelli scorrevoli sulle pareti vetrate, forniscono protezione dall'irraggiamento solare, riservatezza agli interni e contribuiscono a determinare l'immagine distintiva che caratterizza Gazoline, apparentabile ad una costruzione non strettamente funzionale all'erogazione del carburante. L'edificio diviene, quindi, un fattore di qualificazione nel paesaggio lungo le strade di traffico e transito: non si tratta più di un luogo spoglio, destinato alla sosta più breve possibile, ma appare un luogo che offre comfort e come tale si definisce nell'architettura, anche degli spazi interni. L'ambiente per la sala bar e piccolo ristorante, con i tagli di colore al controsoffitto, l'illuminazione a corpi differenziati, la luminosità naturale, riassume gradevolezza; la zona separata degli uffici per la gestione indica forme di uno spazio manageriale. Il nucleo dei servizi igienici, in posizione centrale, separa il ristorante dalla zona ad uffici: all'esterno, la fascia continua in cemento della scocca si rastrema verso il terreno nella parete ovest e si raccorda al corpo della zona ad ufficio. Una grande lastra in acciaio rosso, con illuminazione notturna, segnala i servizi igienici, disegnando il profilo umanizzato di un lupo ululante icasticamente intento alla bisogna, un tocco fluttuante fra espressionismo, ironia, inquietudine. Dal punto di vista funzionale, l'impianto di distribuzione carburante separa le isole per automobili da quella per mezzi pesanti, le une sul fronte verso strada, l'altra sul retro della stazione di servizio. Le pensiline metalliche di protezione agli erogatori, sorrette da pilastri metallici, si differenziano nel disegno: per le due isole dedicate alle automobili, una forma libera e arrotondata, che si prolunga a raggiungere gli ingressi dell'edificio, sovrastandone la copertura; per l'isola dedicata ai mezzi pesanti, la pensilina metallica è a pianta rettangolare, evidenziando l'unico pilastro di sostegno centrale, rastremato verso il terreno.

In other words, the building contributes to the roadside landscape. This is not just some uninviting place where drivers stop for the shortest time possible, but is a place that offers a range of comforts. This is expressed through the architecture and the interior spaces. With the coloured divide across its ceiling, lighting from a variety of different lamps, and natural lighting, the bar/restaurant area is a pleasant environment. The separate offices have forms typical of offices. The centrally positioned toilet block separates the restaurant from the office area. Outside, the continuous concrete band of the building tapers towards the ground on the western side, connecting with the office block. A large sheet metal sign in red, which is illuminated at night, not only marks the location of the restrooms with a human-like image of a howling wolf responding to the call of nature, but also provides a splash of expressionism, irony and anxiety.

From the functional perspective, the driveway has separate areas for fuelling cars and heavy vehicles - the former adjoining the road and the latter located behind the building. The metal canopies over the pumps, supported on metal columns, have different designs. In the two bays reserved for cars, they have a free, rounded shape that extends to the building entrance and is higher than its roof. In the bay reserved for lorries, the metal canopy is rectangular, underscoring the single central column support, which tapers down toward the ground.

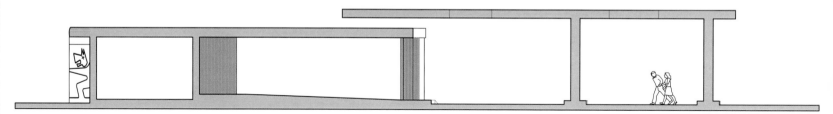

■ Sezione - Scala 1:200
Section - Scale 1:200

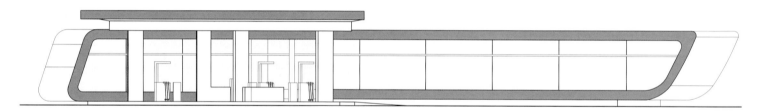

■ Prospetto Nord - Scala 1:200
North Elevation - Scale 1:200

CREDITS

Location: Madonna dell'Olmo, Cuneo
Client: Centro Calor
Completion: 2011
Gross Floor Area: 400 m²
Architect: DamilanoStudioArchitects, Duilio Damilano, Alberto Pascale
Freelance Collaborators: Claudia Allinio, Jessica Pignatta
3D Graphics: Alberto Pascale
Works Management: Duilio Damilano
Energy Certification: Cristina Gandolfo
Contractor: Costruzioni Generali Crastore Luigi Marco & C

Consultants
Structural: Angelo Casalino
Heating, Plumbing and Fire-Prevention: Sicurtecnica
Lighting Technology: Studio Luce

Suppliers
Formwork for Inclined Structures: Peri
Ribbed Metal Formwork: Centalfer
Interior Work: Nuovarekord
Waterproofing: Gerbaudo Manti Impermeabili
Doors, Windows and Gypsum Board: Damilanogroup
Floor and Wall Coverings: Maes

Photo by Andrea Martiradonna
Courtesy Damilanostudio Architects

DETTAGLIO: FACCIATA
SCALA 1:30

1- Tirante
2- Raccordo a cassero Peri
3- Dispositivo antigalleggiamento
4- Puntello
5- Staffa per corrente verticale
6- Giunzione
7- Dado a due alette
8- Cilindro di serraggio sw
9- Perno + inserto a molla

DETAIL: FAÇADE
SCALE 1:30

1- Tie rod
2- Peri formwork joint
3- Anti-buoyancy device
4- Strut
5- Bracket for vertical bracing
6- Joint
7- Wing nut
8- SW locking cylinder
9- Pin + spring-loaded insert

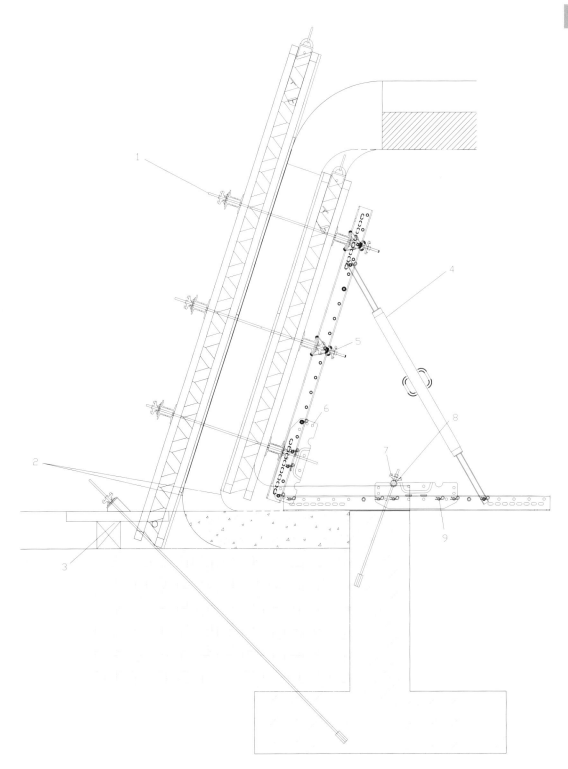

Architettura organica per la pedagogia dell'infanzia

La struttura dell'asilo nido e scuola dell'infanzia a diretta prossimità della zona industriale di Padova svolge il rilevante compito di accudire bambini d'età compresa da tre mesi a sei anni, fornendo un servizio pedagogico importante e prospettando soluzioni per un gravoso problema comune a tutti i lavoratori con prole. L'architettura si propone di innervare di concezioni spaziali innovative le considerazioni di base per un corretto e fruttuoso sviluppo dell'infanzia, in linea con gli intendimenti pedagogici. Il progetto di Luisa Fontana opera in questo senso, richiamando una visione progressiva della responsabilità dei progettisti per individuare spazi vivibili, luminosi, gradevoli, confortevoli, ecologici, in cui accogliere i bambini durante la giornata lavorativa dei genitori. Un'architettura che sembra crescere ed accompagnare il progredire delle percezioni nella prima infanzia, un'architettura da vivere come una continuità spaziale in cui avvengono esperienze e sollecitazioni sensoriali rilevanti. L'edificio si percepisce come una sorpresa costante, che si articola per fasi successive, all'esterno e negli interni. La figure geometriche che compongono la pianta intrecciano andamenti curvilinei e formano spazi correlati: ambienti circoscritti, aule sui generis per una suddivisione dei bambini nelle diverse età e nei diversi gradi di assistenza di cui necessitano, dai lattanti agli svezzati e via via conquistando gradi superiori di autonomia; zone fluide, spazi in cui si sovrappongono funzioni di collegamento fra le parti del Centro Infanzia

Early Learning Centre: Organic Architecture

This crèche and early learning centre is located in the immediate vicinity of the Padua industrial estate. It has the important task of caring for children aged from three months to six years, providing both a vital educational service and a solution to a problem shared by all workers with young children. Through an innovative approach to space, the design is intended to bring core childhood development concepts to life, while also reflecting the centre's educational aims. Luisa Fontana's design does this through a progressive view of the responsibility of architects to create liveable spaces that are bright, pleasant, comfortable and environmentally friendly, in this case to host children while their parents are at work. The design reflects the development stages of infant perceptions. This is architecture that offers a spatial continuity in which children's all-important sensory experiences and stimulation can take place.

Divided into successive 'phases' both inside and out, the building constantly surprises. The geometric shapes that make up the design are interwoven with curved surfaces to create a series of interrelated spaces, including classrooms purpose-designed for different age and need groups, from bottle-fed babes to infants with higher degrees of independence. These spaces flow from one to the next, with certain functions overlapping and interconnecting different parts of the centre, making it possible to also provide shared educational experiences.

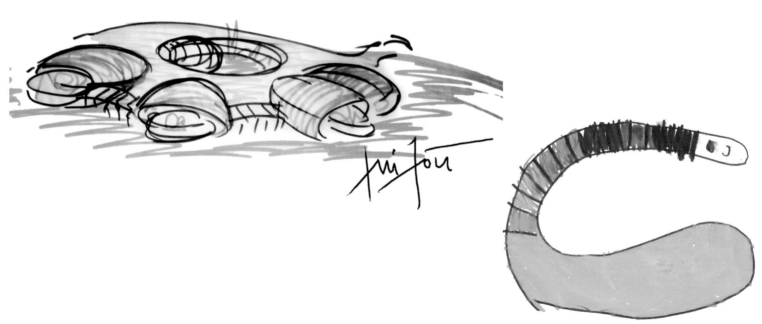

e la possibilità di svolgere esperienze educative comuni. La planimetria del Centro insiste sulla connessione fra spazio costruito e zone a verde e giardino, in cui applicare giochi, comprendere gli spazi aperti, esercitare attività coerenti al progetto pedagogico, sperimentare progressivamente visioni dirette della natura, per la vicinanza di due importanti parchi urbani. Il progetto procede per sottolineature e connessioni: l'edificio è inserito in un'area a verde di pertinenza, appare come una costruzione arrotondata, in cui riconoscere ulteriori elementi di riparo in forma di piccole grotte che sporgono dalla parete curva esposta a sud con superfici vetrate e serramenti a formare una geometria poligonale, come se si trattasse della carlinga di un aereo antico. Le vetrate determinano l'effetto di una serra bioclimatica chiusa, che sfrutta l'esposizione solare: d'inverno si accumula calore; d'estate la possibilità di aprire settori nella vetrata consente l'eliminazione del surplus termico. Un pergolato a montanti e fili metallici, che suggerisce un'immagine stilizzata di alberi, sorregge vegetazione a foglie caduche, contribuendo al controllo dell'irraggiamento solare nelle opposte condizioni stagionali. Ciascuna grotta costituisce una transizione fra l'esterno e l'interno: si tratta dell'ambiente primario che ospita i bambini suddivisi per età, uno spazio ellittico definito e racchiuso da tramezze curvilinee, che si pone in posizione intermedia fra esterno ed interno. La superficie della parete esterna è chiara, istoriata di mosaici colorati che si attengono alle esperienze sensoriali dei bambini, con immagini che si susseguono dal decoro astratto alle figurazioni umane e paesaggistiche. Le "aule" via via aumentano in dimensioni e si dispongono come una raggiera attorno al nucleo centrale dell'edificio:

A key element of the plan is the connection between its buildings, gardens, and the two large parks located nearby as spaces for play, learning about outdoors, conducting teaching projects, and progressively experiencing nature at first hand. The project underscores this connection. Surrounded by its own grounds, the centre is a circular structure that offers additional indoor areas in the form of small cave-like spaces that extend out from its curved walls. To the south these caves are glazed, the frames forming polygonal shapes, a little like the cockpit of an old aeroplane. The windows create a bioclimatic greenhouse, harnessing the sunshine to store heat in winter. In summer, sections of the glazing can be opened to extract heat from the building. A pergola with metal posts and wires - reminiscent of a tree in appearance - supports deciduous plants and also contributes to filtering solar radiation during summer. Each cave forms a transition between the inside and outside. The primary environment for children in each age group, the caves are elliptical spaces defined and enclosed by curved partitions between the outside and inside.

The exterior walls of the centre are white, decorated with colourful mosaics that reflect the sensory experiences of children through images that range from abstract to human figures and landscapes. The sizes of the "classrooms", which are arranged in a radial pattern around a hub, gradually increase. This spiralling element, in which children can have psychomotor experiences, weaves around an open garden with play equipment and plants. The glazed walls that overlook the garden establish a constant visual relationship between it and the cocoon-like teaching

l'elemento ellittico in cui si eseguono esperienze di psicomotricità si intreccia ad uno spazio aperto a giardino che contiene giochi, attrezzature, vegetazione; le pareti vetrate che si aprono sul giardino confermano un rapporto visivo costante con le sezioni didattiche, bozzoli crescenti dello sviluppo. Colori tenui si diffondono per le pareti interne dei collegamenti, mentre le pareti delle aule-bozzoli verso gli spazi distributivi sono rivestite di mosaici di color bianco, punteggiati di inserti musivi fortemente colorati, un rimando e raddoppio espressivo che riproduce cristallizzati a scala maggiore alcuni disegni di bambini d'età differenti. Nelle aule si erge una struttura tronco-conica che esplica una duplice funzione: accogliere i servizi igienici per i bambini e formare una torre di ventilazione, attraverso l'intercapedine protetta da lamiera forata nella parte superiore del volume. L'attenzione al significato di un'architettura eco-compatibile arricchisce il progetto del Centro Infanzia di una nota ulteriore di qualità: gli strumenti architettonici dispongono l'edificio su una pianta a corretto orientamento, con le zone amministrative e di servizio poste nel settore a nord per lasciare alla vivibilità degli spazi d'attività pedagogica il versante a sud; per il benessere climatico interno e per considerazioni di natura ecologica il progetto articola tecnologie evolute, con pompe di calore geotermiche, energia solare, recupero delle acque piovane per irrigazione e scarichi. Un edificio in cui luce e ventilazione naturali sono elemento di valorizzazione qualitativa, un'architettura organica che vive di spazi colorati ed immaginifici, luoghi simbolo in cui sia più facile seguire l'evoluzione cognitiva e la crescita dell'infanzia.

areas. Soft colours characterize the walls of passageways inside the structure, while the outside of the classroom walls that face onto them are white, decorated with colourful mosaics as expressive recollections of the drawings of childhood of different ages, but on a larger scale.

Inside the classrooms is a truncated cone structure with the dual function of providing a space for the children's toilets while acting as a ventilation tower through cavities in its upper section, closed off by perforated sheet metal. Close attention to creating eco-friendly architecture has enriched the quality of the design of the early childhood centre. The building's different functions are clearly organized, with the administrative and service areas placed at the northern end, thereby enhancing the liveability of the teaching areas placed to the south. As regards interior comfort levels and environmental considerations, the project features advanced technologies, such as geothermal heat pumps, solar power, and rainwater collection for irrigation and drainage.

This is a building in which natural light and ventilation are used to enhance liveability. It's a design that comes to life with colourful and imaginative spaces - symbolic places created for following the growth and cognitive development of children.

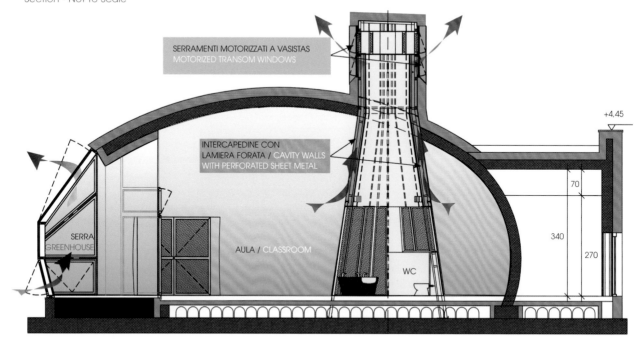

SERRAMENTI MOTORIZZATI A VASISTAS
MOTORIZED TRANSOM WINDOWS

INTERCAPEDINE CON
LAMIERA FORATA / CAVITY WALLS
WITH PERFORATED SHEET METAL

SERRA
GREENHOUSE

AULA / CLASSROOM

WC

+4,45

70

340

270

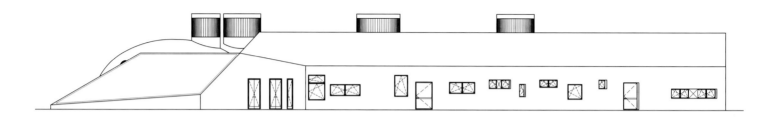

■ Prospetto Est - Scala 1:300
East Elevation - Scale 1:300

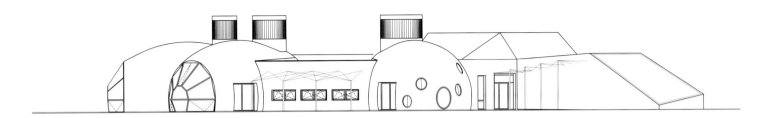

■ Prospetto Sud - Scala 1:300
South Elevation - Scale 1:300

■ Sezione - Scala 1:300
Section - Scale 1:300

CREDITS

Location: Padova
Client: Consorzio Z.I.P. Zona Industriale e Porto Fluviale di Padova,
Fondazione Cassa di Risparmio di Padova e Rovigo
Gross Floor Area: 1.000 m²
Architect: Luisa Fontana, Fontanatelier
Works Management: Luisa Fontana, Fontanatelier
Management of Structures and Installations: Arup Italia
Contractors: Costruzioni Edili Parpajola, S.V.E.C.
Società Veneta Edil Costruzioni, De Santis Impianti

Consultants
Structures, Installations and Sustainability: Arup Italia
Acoustics: Studio di Acustica Tombolato e Cordeddu

Suppliers
Concrete: Beton Candeo
Concrete and Masonry Slabs: Rubini
Metal Structural Work: Scarabottolo
Spritz Beton and Geothermal Probes: Georicerche
Green Roof: Daku Italia
Bentonite Waterproofing: Harpo
Acoustic Ceiling: Saint Gobain Eurocoustic
Insulation: Foamglas
Ventilation Spaces: Geoplast
Interior Doors: Simeonato
Linoleum Flooring: Forbo Resilienti
Titanium Zinc Cladding: Zintek
Mosaics: Trend Group
Lighting Fixtures: Disano Illuminazione
PVC Door and Window Frames: Schüco International Italia

Photo by:
Consorzio Z.I.P. (104,106,112)
Andrea Chillemi (108,111)
Courtesy FONTANAtelier

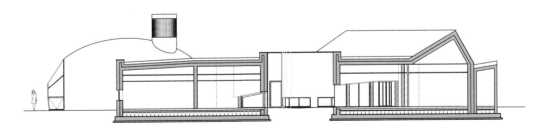

■ Sezione - Scala 1:300
Section - Scale 1:300

Fra tradizione e innovazione: residenza di vacanze nella campagna leccese

Un'abitazione estiva di vacanze, in un paesaggio rurale dominato dalla costruzione del territorio attraverso coltivazioni storiche: l'idea di tradizione circonda la casa, fra muri a secco, piccole costruzioni in pietra, terrapieni, uliveti, e diviene valore di riferimento, in una natura contrassegnata dall'antropizzazione di lunga durata.

Il progetto segue un'interpretazione evolutiva della correlazione fra tradizione e contemporaneità, individua forti radici del costruire e altrettanto forti mutazioni, nella sovrapposizione al territorio di un edificio abitativo, slegato dalle necessità funzionali dello sfruttamento agricolo. Un cambio radicale di prospettiva, mediato dalla preservazione di elementi compositivi e tecnici che afferiscono a concezioni tradizionali. La residenza appare massiccia, schiacciata al suolo nel suo profilo geometrico, un volume possente. I prospetti presentano una consistenza materica delle pareti intonacate di bianco, che richiama un'idea di costruzione antica, con i muri che formano scarpate oblique verso il suolo. Le finestre quadrate a varia dimensione, con serramenti ed ante in legno, punteggiano i prospetti in modo libero, a varie altezze sulla parete, senza irrigidirsi in uno schema simmetrico, in riferimento ad una conformazione che si ritrova sovente negli edifici antichi non aulici. In questo modo, le facciate si diversificano l'una dall'altra. Lo spessore delle pareti prorompe dall'incasso delle aperture finestrate, e all'interno forma sguinci importanti sui lati delle finestre, a suggerire una visione orientata e concentrata verso la mutevolezza

Between Tradition and Innovation: Holiday Residence in Rural Lecce

Set in a rural location shaped by the changes that a long farming tradition has brought to the land, this summer holiday house is surrounded by tradition in the form of dry stone walls, small stone buildings, embankments, and olive groves. In such a natural setting, marked by the long-term influence of humans, tradition becomes a key element.

The project reflects a progressive view of the relationship between the traditional and the contemporary, putting down strong roots through its design and making equally strong changes through superimposing upon the countryside a residential building with no relationship to the functional requirements of farming. The result is a radical shift in perspective, tempered by the preservation of compositional and technical elements that reflect traditional concepts.

The house appears very solid, its design seemingly flattened along the ground, creating a powerful volume. The white rendered exterior likewise expresses solidity and is reminiscent of an ancient building with the walls sloping steeply towards the ground. The differently sized square windows, with timber frames and shutters, seem to randomly dot the walls at different heights without the rigidity of any symmetrical pattern - a common feature of many old buildings. Each exterior wall is therefore different from the next. The thickness of the walls is broken by

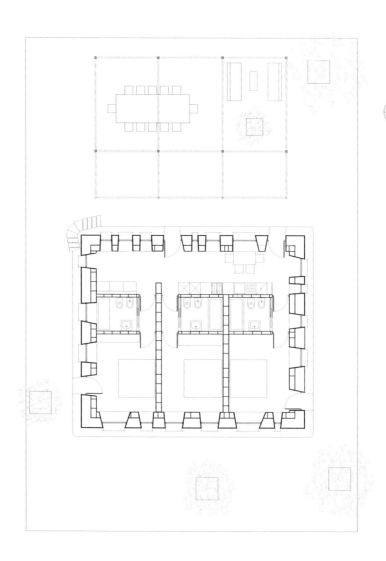

■ Pianta Piano Terra - Scala 1:200
Ground Floor Plan - Scale 1:200

del paesaggio e delle sue prospettive, sfumate nell'orizzonte fra alberi, terra, spezzoni di cielo. In realtà, le pareti si compongono di un sistema misto: alla fascia inferiore, blocchi in cemento all'interno e all'esterno costituiscono un'intercapedine riempita di pietre; al disopra dell'architrave in cemento armato, la parete si alleggerisce, la sezione diminuisce e i blocchi di cemento esterni ed interni si congiungono. All'interno, la residenza è dominata dalle volte a botte in conci di tufo a vista, che percorrono parallele la pianta e forniscono un'immagine di rilevante impatto e gravità sugli ambienti. I materiali conducono un riferimento costante alle tradizioni locali: la pietra delle volte a botte si rispecchia nella pavimentazione in pietra leccese; in pietra leccese è pure la sottile lastra di protezione sulla veletta superiore, una linea colorata di coronamento in lieve sporgenza che delimita e chiude i prospetti al margine superiore.

L'assetto della pianta differenzia le zone funzionali secondo una disposizione che corrisponde all'orientamento più favorevole, in relazione al carico termico e alle visuali paesaggistiche. La zona soggiorno si colloca a nord, per godere di minor soleggiamento durante il giorno, prolungando la ridotta superficie disponibile all'interno nell'ampio pergolato esterno con copertura ad incannicciato che costituisce la reale zona di soggiorno, proponendo modi di vita all'aperto. Le tre stanze da letto sono separate dalla zona soggiorno dai tre locali per i servizi igienici e si dispongono a sud, verso il mare in lontananza.

the window openings, which on the inside form large tapering spaces around the glazing, suggesting a focusing on the changing landscape and horizons, half concealed by trees, land, and glimpses of sky. The walls themselves employ different construction methods. The lower section uses concrete blocks to form a cavity filled with stones. Above the reinforced concrete lintel, the walls are lighter and thinner, with the exterior and interior concrete blocks joining in the middle.

Inside, the home is dominated by parallel barrel vaults of exposed tuff stone, imparting a striking and solemn look to the interiors. The materials are a reference to local traditions: the stone vaulting is reflected in the Lecce stone floors, while Lecce stone has also been used for the coping, forming a thin, slightly projecting line in a contrasting colour that marks the tops of the walls.

The different areas of the home have been arranged to optimize ambient temperatures and maximize outside views. The living area is located to the north to minimize the heat of the sun during the day. By extending the interior space via a large pergola with a slatted roof, the usable area becomes larger, offering opportunities for outdoor living. The three bedrooms, separated from the living area by three bathrooms, are located to the south, towards the distant sea.

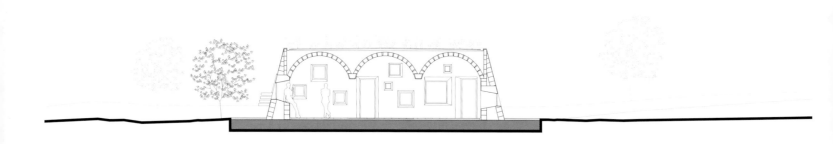

■ Sezione - Scala 1:200
Section - Scale 1:200

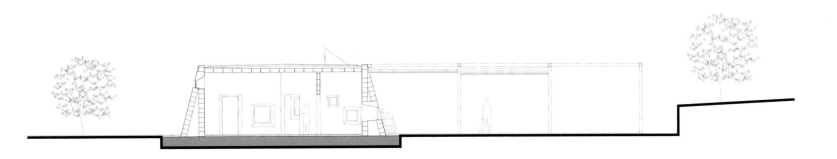

■ Sezione - Scala 1:200
Section - Scale 1:200

■ Prospetto Sud - Scala 1:200
South Elevation - Scale 1:200

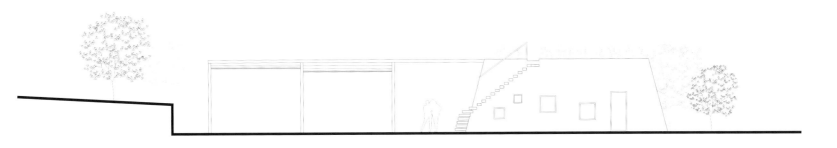

■ Prospetto Ovest - Scala 1:200
West Elevation - Scale 1:200

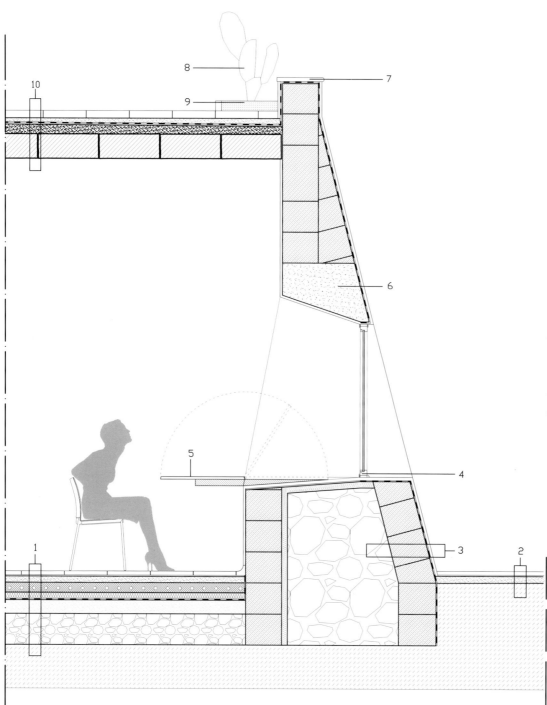

DETTAGLIO: SISTEMA COSTRUTTIVO
SCALA 1:30

1- **Solaio**
Freddo sotto e caldo sopra pavimentazione in pietra leccese da 3 cm, massetto in sabbia cementizia da 5 cm, pavimento radiante da 8 cm, isolante termico da 5 cm, membrana impermeabilizzante da 1 cm, getto il cls alleggerito da 11 cm, breccia da 25 cm, roccia calcarea

2- **Pavimentazione Esterna**
Pavimentazione esterna in malta cementizia da 3 cm, massetto in sabbia da 5 cm, roccia calcarea.

3- **Parete**
Intonaco da 2 cm, membrana impermeabilizzante da 1 cm, blocchi in cemento da 30 x 25 x 50 cm, breccia

4- **Sistema di vetrate**
Anta fissa 120 x 120 cm in legno di iroko, infissi in legno iroko naturale

5- **Tavolo in legno di iroko naturale**

6- **Architrave in C.A.**

7- **Cimasa di 3 cm in pietra leccese bianca**

8- **Pianta grassa tipo fico d'india**

9- **Terriccio**

10- **Solaio di copertura**
Caldo sotto e freddo sopra chianche da 6 cm in pietra leccese e boiacca (sabbia di mare + acqua + cemento), sottofondo in malta cementizia, membrana impermeabilizzante da 1 cm, isolante termico da 2 cm con massetto di pendenza in cls da 8 cm, conci di tufo della volta da 50 x 25 x 25 cm

DETAIL: CONSTRUCTION SYSTEM
SCALE 1:30

1- **Slab**
   Cold below and hot above
   1 1/4" (30 mm) Lecce stone flooring,
   2" (50 mm) sand mortar screed,
   3 1/8" (80 mm) radiant heating,
   2" (50 mm) thermal insulation,
   3/8" (10 mm) waterproofing
   membrane, 4 3/8" (110 mm)
   lightweight concrete fill, 9 3/8"
   (250 mm) crushed stone, limestone

2- **Paving**
   Paving formed by 1 1/4" (30 mm)
   cement mortar, 2" (50 mm) sand
   bedding layer, limestone

3- **Wall**
   3/4" (20 mm) render, 3/8" (10 mm)
   waterproofing membrane,
   11 7/8 x 9 3/8 x 19 3/4"
   (300x250x500 mm) concrete blocks,
   crushed stone

4- **Glazing**
   47 1/4" x 47 1/4" (1200x1200 mm)
   Iroko wood windows,
   natural Iroko wood frames

5- **Natural Iroko Wood Board**

6- **Reinforced Concrete Lintel**

7- **1 1/4" (30 mm) White Lecce Stone
   Coping**

8- **Prickly Pear**

9- **Soil**

10- **Roof Slab**
   Hot below and cold above
   2 3/8" (60 mm) Lecce stone pavers
   and cement grout (sea sand + water
   + cement), cement mortar bed,
   3/8" (10 mm) waterproofing
   membrane, 3/4" (20 mm) thermal
   insulation with 3 1/8" (80 mm)
   sloping screed, 19 3/4 x 9 3/8 x 9 3/8"
   (500x250x250 mm) hewn tufa stone

CREDITS

Location: Salve, Province of Lecce
Client: Private
Completion: 2009
Gross Floor Area: 130 m²
Architects: MFA - Matteo Facchinelli;
Alberto Peruzzo (project manager)
Freelance Collaborator: Francesco Cicogna
Contractor: Corciulo Costruzioni

Suppliers
Floors: Pitardi Pietra Leccese
Timber Work and Structures,
Doors and Windows: Artigiana Serramenti
Plaster: Röfix

Photo by Matteo Facchinelli Architetto
Courtesy MFA Architects

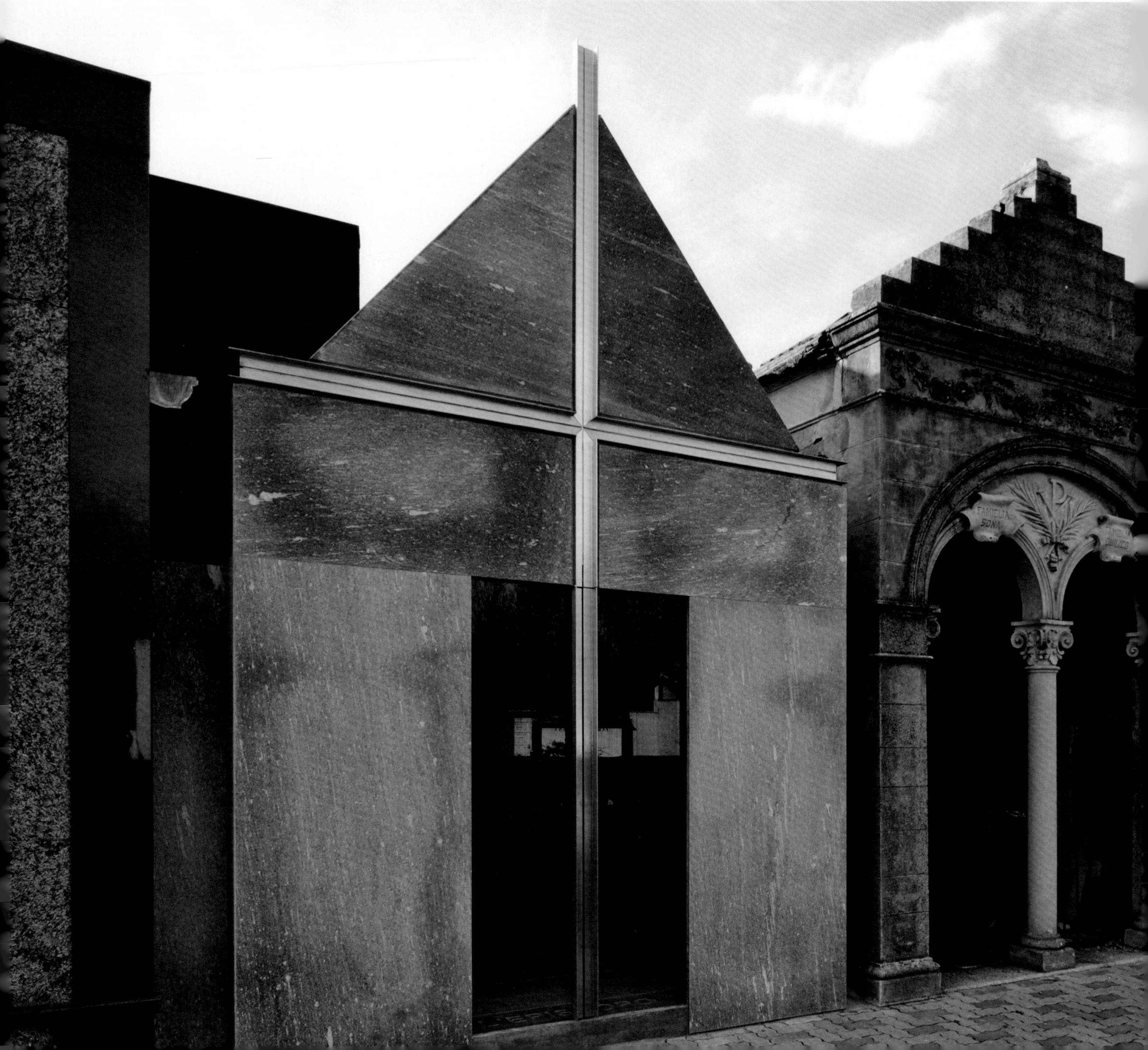
FAMIGLIA
SONA

Trasformare una cappella funeraria di famiglia

Il tema dell'architettura funeraria concentra molteplici valori simbolici, nel luogo del ricordo e della continuità della pietas, che esprimono concezioni profonde, dichiarate o implicite, vigenti all'interno della società. Il proposito di trasformare una cappella funeraria di famiglia in un cimitero dalle connotazioni storiche assume forse il significato di una ulteriore dichiarazione d'identità, una condizione in cui l'architettura diviene fulcro di una proposizione di memoria accumulata. Il progetto d'architettura funeraria, in generale, si confronta con questo insieme di valori e valutazioni, di convinzioni e concezioni, inserendo frammenti di pensiero contemporaneo in un luogo in cui si manifesta l'evidenza delle stratificazioni storiche; nel caso di nuovi comparti, ampliamenti, nuovi cimiteri, l'architettura si trova a proporre un universo compiuto di segni e simboli, nella coerenza d'intervento. A San Giorgio Canavese (provincia di Torino), il progetto di Raimondo Guidacci opera in una situazione d'interferenza e correlazioni immediate: la schiera di cappelle storiche di famiglia che perimetrano un campo per l'inumazione. Trasformare un tassello nella schiera di cappelle esistenti significa modificare una visione d'insieme, produrre nuovi segni e nuove indicazioni di memoria in un luogo di consolidata presenza storica, che forma un equilibrio delicato e, in un certo senso, precario. Il progetto interviene nella consapevolezza che un nuovo equilibrio si potrà consolidare attraverso la composizione di scelte mediate fra l'espressione di un linguaggio proprio e l'esigenza di

Remodelling a Family Funeral Chapel

Funerary architecture brings together numerous symbols of the most profound beliefs - both explicit and implicit - held by our society in a place for remembrance and continuing piety. Remodelling a historical family funerary chapel located in a cemetery is tantamount to making another statement of identity, in which the architecture acts as a key element in an expression of accumulated memory. Generally speaking, in addressing this set of values, concepts and beliefs, the design of funerary architecture will bring elements of the contemporary into places distinguished by an overlapping of different historical periods. In the case of extensions to existing cemeteries or newly established facilities, the architecture itself creates a new world of signs and symbols.

In the case of Raymond Guidacci's design in San Giorgio Canavese (province of Turin), the chapel is located in a situation with contrasting and complementary elements - that is, alongside a number of old family chapels, which encircle the burial grounds. Remodelling a single element of this group of existing chapels means changing the appearance of the whole - creating new symbols in a place with an established historical presence and a delicate, if not precarious, balance. The project was, however, conducted in the knowledge that a new balance could be achieved by each choice being mediated by the desire to express the new design with full respect for the memories, symbols, and emotions evoked by the surrounding chapels.

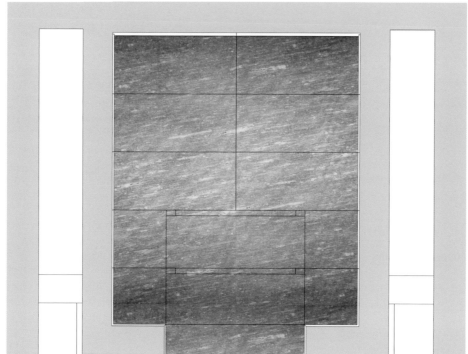

■ Pianta Piano Terra - Scala 1:40
Ground Floor Plan - Scale 1:40

cautela nei confronti delle memorie circostanti, concrezione di simboli e sensibilità. L'idea costituiva di monumento, luogo della memoria e ammonimento, diviene implicita formalizzazione del pensiero progettuale: rarefazione del linguaggio, astrazione e separazione dagli edifici funerari circostanti, evidenza dei materiali nella loro purezza, in un disegno che si inserisce nella sequenza di cappelle, ricche di ornamenti architettonici che si sovrappongono alle linee geometriche. La trasformazione della cappella si indirizza al recupero di una geometria lineare, pregna del gesto assoluto che si serra sull'essenza e, per contrasto, si pone in colloquio con la storicità. La conservazione del profilo geometrico della cappella preesistente, in assonanza con parte delle cappelle preesistenti, è strumento espressivo: la forma si assesta per sottrazione degli elementi ornamentali, attraverso la combinazione di linee geometriche rigorose e materiali. La cappella, a pianta quadrata con lato di circa 3 metri, si compone di un volume cubico su cui si erge un timpano; il rivestimento esterno in lastre di beola bianca a grande dimensione si interrompe in facciata: l'ingresso alla cappella è formato da due alte lastre in vetro. Il prospetto è caratterizzato dall'evidenza di una croce stilizzata, realizzata per mezzo di due profili in inox accoppiati su un piatto continuo: i profili angolari fungono da maniglia per l'apertura delle porte di ingresso in vetro, e rappresentano la linea di trabeazione, nel contatto fra parete verticale e copertura in beola. Lo spazio interno della cappella compone principi di astrazione geometrica e concentrazione delle percezioni. La pavimentazione interna e la parete frontale sono rivestite da lastre di beola, le altre pareti ed il soffitto sono verniciati in smalto satinato nero. La botola di accesso allo spazio interrato è formata da due lastre della pavimentazione. L'astrazione delle linee nello spazio interno consente di indirizzare la percezione sulla lastra in granito nero assoluto, elemento centrale della cappella, di valore scultoreo: nove rose rosse su un letto di sabbia rossa costituiscono il nucleo sensibile della memoria e dell'omaggio nel ricordo.

The concept of a monument - a place of remembrance - is an underlying idea of the design: there is a rarefaction of the design language, a separateness from the surrounding buildings, and a highlighting of the purity of the materials used that helps the chapel blend in with the other chapels, with their rich architectural ornamentation applied over geometric lines. The remodelling of the chapel was intended to restore its linear geometry, which hinges on both its essentiality and, by contrast, its dialogue with history. Preserving the geometric profile of the existing chapel, which reflects many of the other chapels, became an expressive instrument. The design achieves balance, while eliminating decorative elements, through its combination of rigid geometric lines and materials.
The chapel, built to a square plan with its sides around ten feet in length, consists of a cube surmounted by a tympanum. Walls finished in large sheets of white gneiss stone surround the façade, with the entrance doors consisting of two towering sheets of glass. Visually the front of the chapel is marked by a stylized cross, created by two coupled stainless steel profiles. The angle profiles act as handles on the glass doors, while following the line of the entablature in the way they join vertically with the walls and gneiss roof. The interior space is based around principles of geometric abstraction and ways of focusing perceptions. The interior flooring and front walls are finished with gneiss slabs, while the other walls and ceiling are finished in black enamel paint. The trapdoor to the crypt is formed by two of the paving slabs. The arrangement of the lines in the interior focuses attention on a black granite slab, the central element of the chapel, which takes on a sculptural value, with nine red roses on a bed of red sand forming the centrepiece of, and homage to, remembrance.

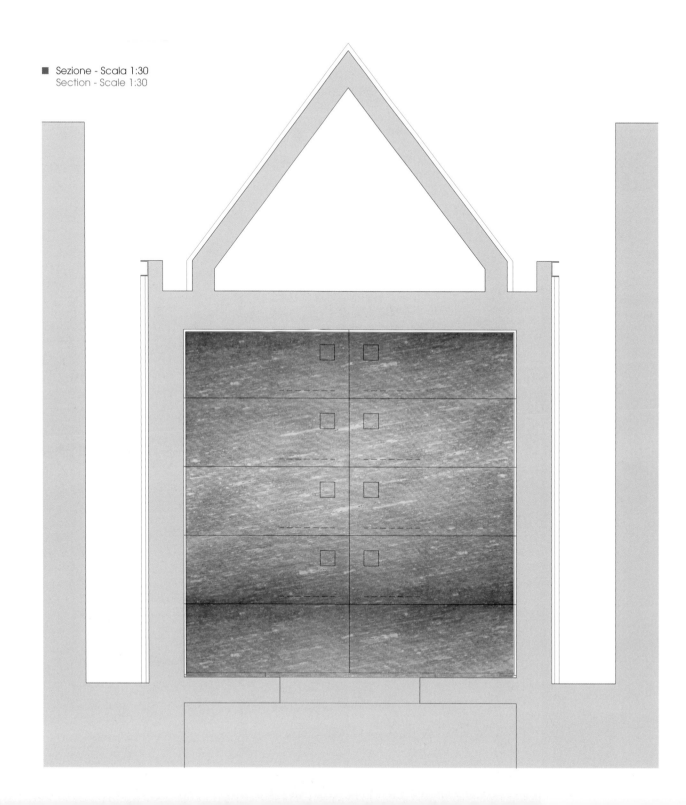

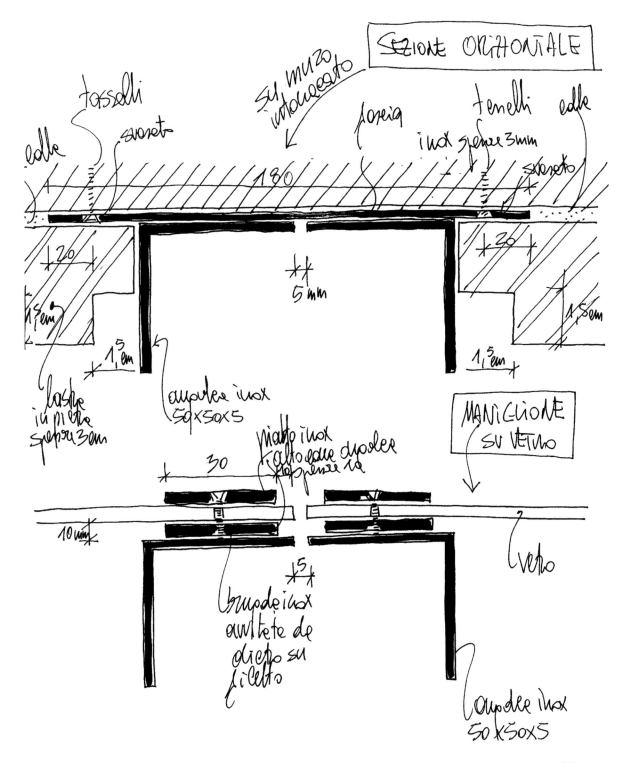

SEZIONE ORIZZONTALE

su muro intonacato

MANIGLIONE SU VETRO

131

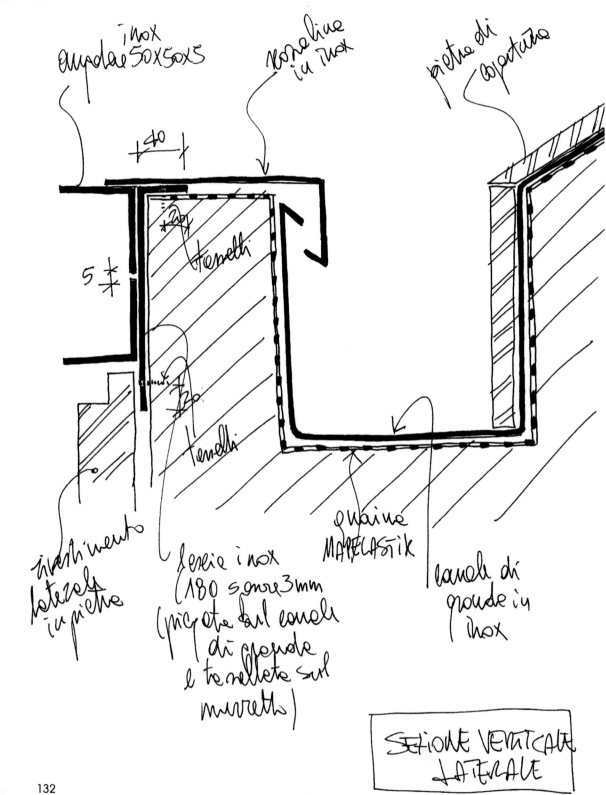

inox
angolare 50x50x5

zoccolino
in inox

pietre di
copertura

40

5

tenelli

20

tenelli

rivestimento
laterale
in pietra

lexie inox
(180 sonne 3mm
(piegate sul canali
di gronda
e tonellate sul
muretto)

ghaine
MAPELASTIK

canali di
gronda in
inox

SEZIONE VERTICALE
LATERALE

132

CREDITS

Location: San Giorgio Canavese,
Province of Turin
Client: L'Episcopo Family
Completion: 2011
Gross Floor Area: 9 m²
Cost of Construction: 40.000 Euros
Architect: Raimondo Guidacci

Suppliers
Interior Decorations: Sikkens
Granite Vase: Catella Fratelli
Waterproofing: Mapei

Photo by Beppe Giardino
Courtesy Raimondo Guidacci

Nella cortina urbana, valorizzare raffinati spazi

Un'abitazione unifamiliare, ai piedi del costone roccioso del Monte Erice, in Sicilia occidentale, per un nucleo familiare di cinque persone.

L'abitazione a due piani fuori terra si allinea alla cortina urbana, in un contesto immediato che non si caratterizza per emergenze architettoniche, con una pianta a rettangolo allungato. Il fronte su strada, orientato a sud, si dispone secondo partizioni geometriche nel rapporto pieni/vuoti, sottolineando accostamenti cromatici per contrasto: il settore rivestito in ardesia accanto al bianco dell'intonaco, la preminenza della struttura fissa a brise-soleil in leggero aggetto al centro della facciata, il vuoto che segnala l'ingresso all'abitazione riparato all'interno del volume edilizio, la contrapposizione fra le finestre verticali ed orizzontali nelle sezioni alle estremità del prospetto. L'edificio si allunga sull'orientamento nord-sud: il versante nord della casa si accosta al terrapieno con un giardino sopraelevato e con uno spazio a cortile lastricato, che riveste una sensibile importanza per la vivibilità dell'alloggio. Lo spazio esterno dilata la zona di soggiorno che si affaccia sulla corte con un'ampia vetrata ad elementi scorrevoli, costituendone il prolungamento immediato. Al limite nord, il progetto dispone elementi a valenza ambientale e bioclimatica: il giardino terrazzato accessibile con una rampa di scala a disegno minimalista ed elementi di ringhiera in profilato metallico laccato di bianco; un piccolo bacino d'acqua, con una

Enhancing Elegant Spaces in an Historic Urban Brick Building

A single-family dwelling at the foot of a rocky spur of Mount Erice, in western Sicily, home to a family of five.

The house rises two floors above ground level, its oblong plan in line with the urban fringe though there are no other architectural features around.

The southern-facing roadside façade is geometrically divided in contrasting colours and full/empty portions: a section clad in slate next to white render, a central sun-screen structure slightly proud of the façade line, a gouged out entranceway sheltering within the building, a counterpoint of vertical and horizontal windows at each extremity. The long side runs north-south, the north elevation abuts on solid ground with a raised garden and paved courtyard that much enhance "livability".

The living-room has broad sliding french windows that enable it to extend out onto the courtyard directly. At the northern end there are features that grace the environment and enhance the bioclimate: a terraced garden accessed by a minimalist flight of steps, with stretches of white-painted metal railing; a pond with a waterfall splashing down the slate-lined courtyard wall. Pond and waterfall cool the atmosphere in the summer heat; from the courtyard confines cooler air will spread as far as the sitting room, the centre-point of this home, rising two floors in height and gaining light from a skylight above.

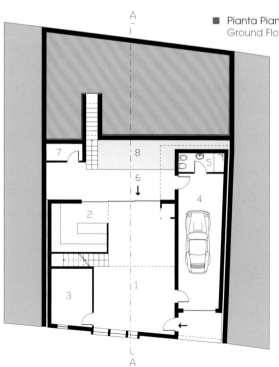

■ Pianta Piano Terra - Scala 1:250
Ground Floor Plan - Scale 1:250

■ Pianta Piano Primo - Scala 1:250
1ST Floor Plan - Scale 1:250

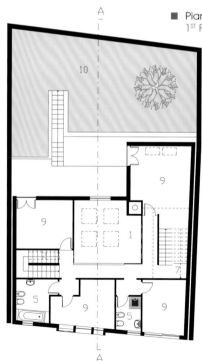

1- Soggiorno	1- Living
2- Cucina	2- Kitchen
3- Studio	3- Studio
4- Garage	4- Garage
5- Bagno	5- Bathroom
6- Patio	6- Patio
7- Magazzino	7- Storage
8- Vasca	8- Basin
9- Camera	9- Bedroom
10- Giardino	10- Garden

cascata che scorre sulla parete di fondo della corte, rivestita in ardesia. La presenza del bacino d'acqua e della cascata introduce sistemi naturali di mitigazione climatica, inducendo un abbassamento di temperatura nei mesi caldi nello spazio circoscritto esterno e una circolazione d'aria più fresca per nebulizzazione che può raggiungere lo spazio soggiorno, luogo centrale dell'alloggio, a doppia altezza ed illuminato anche con l'apporto di luce naturale zenitale. Una strategia d'integrazione fra architettura ed elementi naturali utilizza così il bacino d'acqua come scambiatore di calore, per ottenere livelli qualitativi di comfort ed evitare il più possibile nel sistema abitativo interventi meccanici o ad immissione d'energia da fonte esterna.

All'interno, l'alloggio si organizza attorno allo spazio soggiorno, sviluppato a doppia altezza. Al piano terra, la cucina verso l'interno e uno studio verso strada completano la dotazione di spazi; al livello superiore, le tre stanze da letto per i figli e la stanza per i genitori ruotano attorno al vuoto sul soggiorno, due stanze prospettando verso strada e due verso la corte e il giardino sopraelevato. Una calibratura attenta degli ambienti nell'edificio a ridotte dimensioni consente la coesistenza di momenti di riservatezza e di momenti comuni di vita, con condizioni egualitarie negli standard di vivibilità.

Anche per la stanza da letto dei genitori, esposta a nord, si adottano strategie bioclimatiche, attraverso la captazione di luce solare e calore da lucernari e la restituzione di calore attraverso l'inerzia termica delle masse. L'interrelazione fra luminosità e geometrie elementari è un dato caratterizzante: l'accento dei percorsi orizzontali di collegamento, il biancore diffuso degli interni, la punteggiatura di colore che appare intersezione significativa, fra settori rivestiti in ardesia e gradini delle scale interne in legno.

Architecture and natural features thus mingle: the water feature is used as a heat exchanger to increase comfort and cut down on mechanical ventilation or outside energy sources being drawn on unnecessarily.

Indoors everything hinges round the sitting-room area on its two floors. The ground floor space is used for a kitchen towards the back and a study on the street side; above, the three children's rooms and the parents' bedroom cluster round the sitting-room void, two of them looking roadwards, two onto the courtyard and garden terrace. By careful calibration of room sizes the house achieves points of privacy and points of communal living whilst keeping comfort standards equal. Bioclimatic strategies are again employed for the north-facing master bedroom: solar light and warmth is captured by skylights and heat is channelled back by thermal mass inertia. The interrelation between illumination and elementary geometric shapes is a design feature: the accent is on horizontal connecting routes; white is the prevailing background while points of colour pick out the intersections between sectors clad in slate and the steps of the wooden indoor staircase.

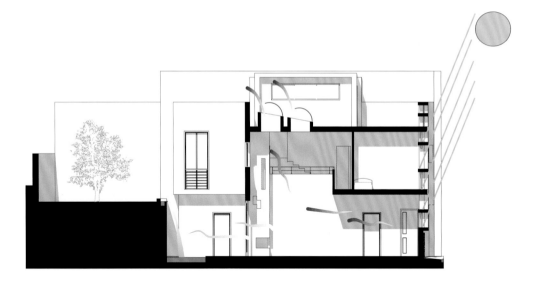

■ Sezione AA - Scala 1:150
AA Section - Scale 1:150

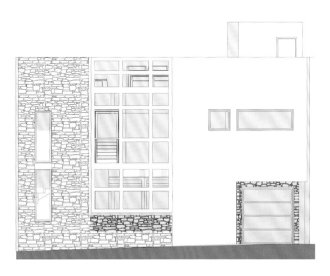

■ Prospetto Sud - Scala 1:150
South Elevation - Scale 1:150

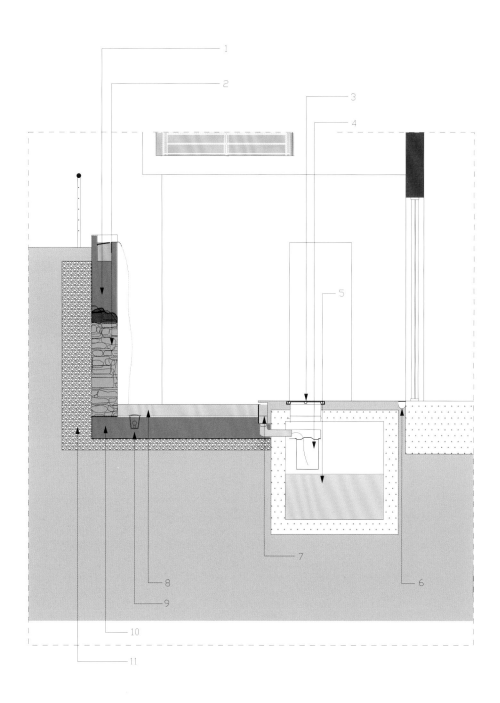

DETTAGLIO
SCALA 1:50

1- Muro in conci di tufo
2- Parte rocciosa del muro
3- Botola di ispezione filtro
4- Filtro
5- Vasca di accumulo
6- Giunto tecnico con canaletta
    di scolo delle acque
7- Scarico di sovrappieno
8- Vasca di mantenimento
9- Alloggio per illuminazione
10- Massettino debolmente armato
11- Strato drenante (materiale lapideo)

DETAIL
SCALE 1:50

1- Hewn tufa stone wall
2- Stone section of wall
3- Filter inspection hatch
4- Filter
5- Storage tank
6- Joint with drainage gutter
7- Overflow
8- Maintenance pool
9- Lighting recess
10- Lightly reinforced screed
11- Stone drainage layer

CREDITS

Location: Erice, Province of Trapani
Client: Private
Completion: 2010
Gross Floor Area: 225 m²
Cost of Construction: 287.000 Euros
Architect: Gianni Ingardia
Works Management: Gianni Ingardia
Contractor: Impresa Geometra Pietro Maltese

Consultants
Structural: Alberto Sammartano

Suppliers
Bricks: Leca
Fireplaces: Palazzetti
Underwater Halogen Lamps: Targetti
Lighting: Mizar
Skylights: Velux Italia

Photo by Vito Margagliotti
Courtesy Gianni Ingardia Architetto

Architettura per la qualità urbana: memoria e luoghi a Sora

In una situazione urbana in parte compromessa da interventi nel corso del Novecento, a Sora, nell'Appennino laziale, l'intervento architettonico si preoccupa di ricostituire una qualità ambientale, nella zona dell'antico orto conventuale dei Minori. L'intervento è addossato alle pendici del colle di san Casto e Cassio, che domina il centro storico cittadino: l'architettura si propone di risarcire i tagli alla roccia per far spazio a costruzioni ordinarie, poi demolite. Il progetto di MCM (Mario Morganti, Gianfranco Cautilli, Renato Morganti) incrocia gli elementi architettonici con i dati ambientali: approntare una pluralità di funzioni diviene fondamento strategico, l'architettura si comprova in forme e materie che si relazionano con forza ed eleganza alla collina, l'idea di un percorso segnato dalla pietra si evidenzia nucleo direttore della riqualificazione urbana, in una progressione di gradinate e di spazi di sosta per ascendere e superare il dislivello di quota con la costa rocciosa. Un'architettura urbana, quindi, densificata nella pietra apprestata in lastre di diversa dimensione e con differente tessitura: muri segmentati, figure geometriche nettamente stagliate accompagnano e frammentano il percorso labirintico sul fianco della collina, setti e volumi esprimono una presenza importante a segnare l'idea di convergenza fra architettura ed itinerario. Una variazione moderna e con una dichiarata resa funzionale della sapienza tecnica e costruttiva che organizzava nel passato terrazzamenti e percorsi sulle pendici montuose, immersi nei muretti di

Architecture for Urban Quality: Memory and Places in Sora

The setting, at Sora in the Latian Apennines, was partly spoilt by twentieth-century excrescences. The recent operation has sought to bring back environmental quality to this erstwhile Friars Minor monastery gardens, perched on the slopes of San Casto & Cassio Hill which towers above the old town centre.

The architectural idea is to exploit the previous rock cutting blasted to make room for some nondescript buildings that have since been demolished.

MCM (Mario Morganti, Gianfranco Cautilli, Renato Morganti) contrive to marry architecture with landscaping, basing their strategy on a medley of different functions connected with this urban upgrade project. Architectural form and materials relate to the hillscape with powerful elegance around a leitmotif of rock, through which we rise in flights of steps and terrace levels up the rugged hillside. This is urban architecture condensed, as it were, by rock - rock cut in slabs of varying dimension and consistency.

Sections of wall, free-standing geometrical shapes, line and break up the maze-like progress of the incline, hinting at convergence between architecture and itinerary. Like a modern functional variant on past constructional wisdom with its terraces and pathways hemmed between retaining walls above and below. As well as stone, sheets of Cor-ten steel have been used to mark differing functions symbolically and materially. Solid parapets,

contenimento e protezione. Alla pietra si unisce la presenza di lastre in acciaio Cor-ten, una modalità per poter evidenziare sia simbolicamente sia concretamente contenuti differenti: parapetti pieni, lastre di rivestimento per un volume sporgente, gli alti settori a lastre in cui si celano porte di accesso alla sezione dichiaratamente funzionale elaborata nel progetto. Un volume che si avvicina alla costa di roccia e se ne mantiene separato, formando un'intercapedine: roccia e costruzione si fronteggiano, le pareti vetrate a tutt'altezza consentono una visione ravvicinata dall'interno del corpo edilizio. L'interno segue profondamente il concetto di articolazione delle geometrie e del volume, proponendo una pianta segmentata sul lato dei setti murari che all'esterno definiscono la sagoma variegata dell'intervento. Qui la ragione funzionale denota un concetto di spazio pubblico, a natura performativa e collettiva: un luogo per riunioni, un luogo per eventi, un luogo per lo studio e l'incontro, attrezzato e protetto, dove esercitare creatività. L'architettura, ancora, con presenza congiunta per tecnica ed espressività compone valore puntuale e qualità ambientale. La parete continua vetrata, su telaio in acciaio, si affaccia sull'intercapedine col versante roccioso; il volume per i servizi igienici rivestito in lastre d'acciaio Cor-ten diviene un accento di colore, che è corrispondente allo sporto esterno sulla muratura, egualmente segnalato e nobilitato in Cor-ten; il soppalco lastricato in acciaio definisce uno spazio più raccolto per lo studio e momenti di riunione a piccola scala; gli elementi strutturali, in particolare per il soppalco, compongono un addensamento tecnologico e dichiarativo di grande rilievo.

cladding on a projection, plated sections hiding access to otherwise obvious utility units. One building stands close to a rockface but separated by a cavity: face to face, building to rock, the full-height glazing giving a close-up from indoors. The interior is all separate shapes and volumes bounded on one side by stretches of wall to form a variegated outline.

This space functions as a meeting point for events or study groups; sheltered, appointed, a place for creativity. Once again the architectural combination of technical and expressive features adds specific value and quality to the setting: a steel-framed glass curtainwall juxtaposed to a rockface across a cavity; a unit for sanitary facilities providing a note of colour with its Cor-ten steel lining, which is in turn picked up by an overhang from the masonry, again adorned with Cor-ten.

A gallery floor of steel forms a more secluded study area or small meeting room. Structural elements, such as the gallery supports, cluster into a statement about technology and communications. ·

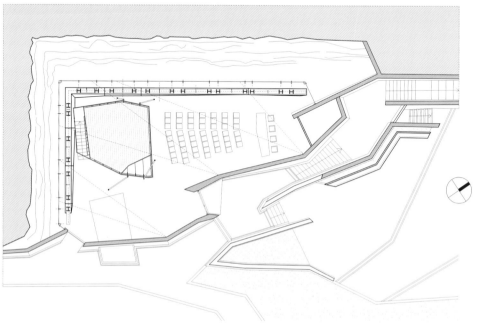

■ Pianta Piano Primo - Scala 1:300
1ST Floor Plan - Scale 1:300

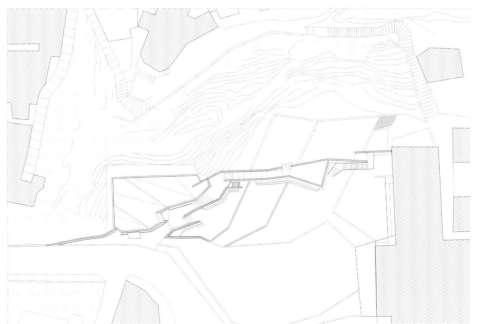

■ Planimetria - Scala 1:800
Site Plan - Scale 1:800

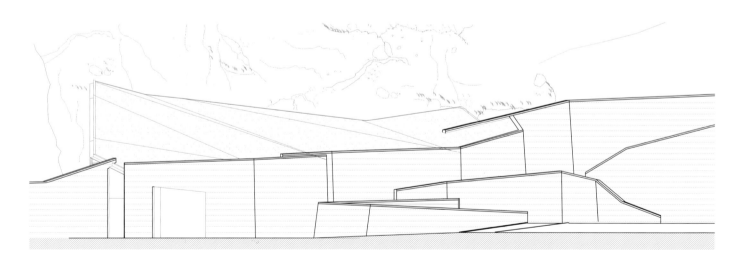

■ Prospetto Ovest - Scala 1:200
West Elevation - Scale 1:200

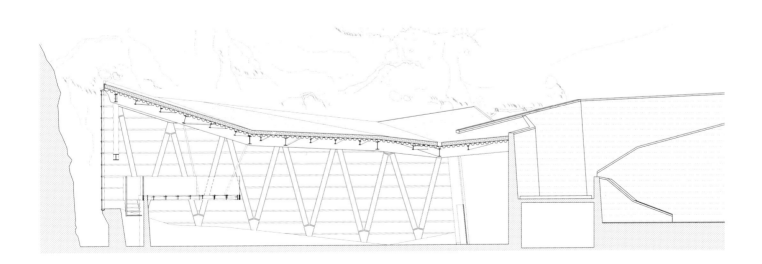

■ Sezione - Scala 1:200
Section - Scale 1:200

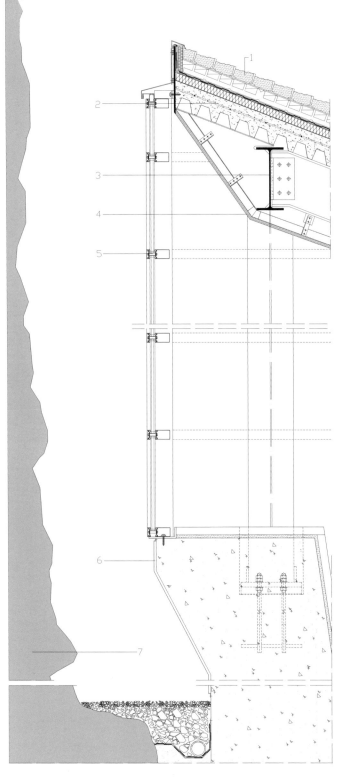

DETTAGLIO: FACCIATA VETRATA
SCALA 1:25

1- Elementi di finitura all'estradosso:
   scossalina in acciaio trattato con
   polveri epossidiche (s = 8 mm);
   strato di materiali sfusi per tetti
   verdi (s = 80 mm);
   rete di trattenimento;
   strato di separazione
   e filtraggio (s = 1.5 mm);
   strato multifunzionale (tipo FSD 30);
   strato impermeabile (guaina
   bituminosa armata s = 4 + 4 mm);
   strato termoisolante (pannello di
   polistirene; s = 50 mm);
2- Elementi di supporto e strato resistente:
   lamiera grecata collaborante
   (s = 8/10 mm);

soletta in cls armato (s = 60 mm);
3- Elementi portanti:
   profilato in acciaio IPE (h = 400 mm);
   profilato in acciaio sagomato
   (piatto s = 8 mm)
4- Elemento di finitura all'intradosso:
   controsoffitto (lastra di cartongesso;
   s = 1.2 mm)
5- Serramento:
   telaio fisso in acciaio trattato con
   polveri epossidiche;
   pannello vetrato:
   lastra esterna tipo Visarm (s = 9 mm);
   intercapedine (s = 12 mm);
   lastra interna tipo Visarm (s = 7 mm)
6 Rivestimento esterno:
   strato d'intonaco civile (s = 20 mm)
7 Roccia

CREDITS

Location: Sora, Province of Frosinone
Client: Sora Municipality
Completion: 2010
Gross Floor Area: 2.120 m²
Architect: MCM (Mario Morganti,
Gianfranco Cautilli, Renato Morganti)
Design Team: Luigi Di Ruscio, Stefano Balassone
Works Management: Gabriele Marcelli,
Luigi Urbani, Teresa Branca
Contractors: Pascolo, Eurocostruzioni, FER. Italia

Consultants
Structural: Gino di Ruzza
Installations: Antonio Acettola

Photo by:
Renato Morganti (pag.144,146,148,149,150,151,152)
Ilias Fragkakis (pag.153)
Courtesy MCM

DETAIL: GLASS FAÇADE
SCALE 1:25

1- Finish of upper surface:
   5/16" (8 mm) steel flashing with
   epoxy powder coating
   3 1/8" (80 mm) layer of green
   roofing materials
   Retaining mesh
   1/16" (2 mm) separation
   and filtering layer
   FSD 30 multi-functional layer
   1/8 + 1/8" (4+4 mm) reinforced
   bituminous sheath waterproofing
   2" (50 mm) polystyrene panel
   insulation layer
2- Supporting elements and
   protective layer:
   5/16 - 3/8" (8-10 mm) composite
   slab of concrete fill over
   corrugated sheeting
   2 3/8" (60 mm) reinforced concrete slab
3- Load-bearing structure:
   15 3/4" (400 mm) h IPE steel profile
   5/16" (8 mm) steel profile
4- Finish of lower surface:
   1/16" (1 mm) gypsum board false ceiling
5- Door and window frames:
   Fixed steel frame with epoxy
   powder coating
   Glazed panel: 3/8" (9 mm) Visarm
   exterior glass, 1/2" (12 mm) airspace,
   1/8" (7 mm) Visarm interior glass
6- Cladding:
   3/4" (20 mm) two-coat plaster
7- Stone

Teatro delle Forme: Villa a Piadena

Una villa urbana a Piadena, una piccola cittadina nella pianura cremonese: l'edificio si immerge in un tessuto costruito in cui non si segnala la presenza di particolari elementi d'architettura; una scelta progettuale d'orientamento è che l'edificio assuma un carattere riservato, in uno sviluppo per linee e volumi orizzontali. Il progetto di Giorgio Palù e Michele Bianchi (studio Arkpabi) procede con un'elaborazione misurata sulle proporzioni e sulle invenzioni formali che declinano spazi e materiali in una linea di interconnessione sottile. Non vi sono gesti che ambiscono ad un riconoscimento immediato ed irto di tensione: l'immagine si costruisce per gradi, per accostamenti, per combinazione di spazi e dettagli, verso la delicatezza introspettiva. La villa si dispone in una composizione di pianta che segna la prevalenza di un asse centrale, un corridoio che costituisce uno sfondamento prospettico sull'asse nord-sud, dal quale si dipartono gli elementi volumetrici degli ambienti: pur nella individualità degli elementi, ben differenziati nello schema funzionale e chiaramente riconoscibili nella progressione interna, non si assiste ad uno scomposto fiorire di nuclei separati, ma ad una distinzione raffinata nell'unità compositiva e d'immagine. La concezione di un organismo unitario si percepisce anche dall'esterno, nel legante unificante di una tenue coloritura, tendente all'omogeneità. La tessitura materiale delle pareti esterne si lascia percepire per differente consistenza e differente trattamento. Per i blocchi dei volumi si alternano cemento bianco lisciato a

A Theatre of Shapes: House at Piadena

A detached town-house at Piadena, a small town out in the Cremona plain. The building stands in an architecturally nondescript built-up area which suggested the guiding theme of privacy: it develops on low horizontal lines. The plans by Giorgio Palù and Michele Bianchi (of studio Arkpabi) play on proportions and inventiveness of shape: space and materials are subtly interconnected. No features particularly arrest the attention: the image is built up by degrees and juxtaposition, a combination of details and use of space in an act of delicate introspection. What predominates in the layout is the central hall running right through the north-south elevation, and off this hall the various parts of the ensemble fan out. Though these parts are clearly differentiated and recognizable in their function or inner logic, there is no sense of a jumble of separate nuclei but a sophisticated kind of distinction within a unity of composition and image. This organically unified effect is rendered from the outside by the faint colour differences that tend to one homogeneous palate. The texture of the outside walls varies in consistency and treatment. The main bodies of the house alternate between smooth white architectural concrete with grooved horizontal lines running across it; render differing in look and consistency (fine skim, rough cast, textured) used to create curving swathes of juxtaposed colour and textural differences in explicit tribute to Alberto Burri and his informal poetics; walls clad in 'crazy' stone. Knobs of stone project along the wall faces. And besides the

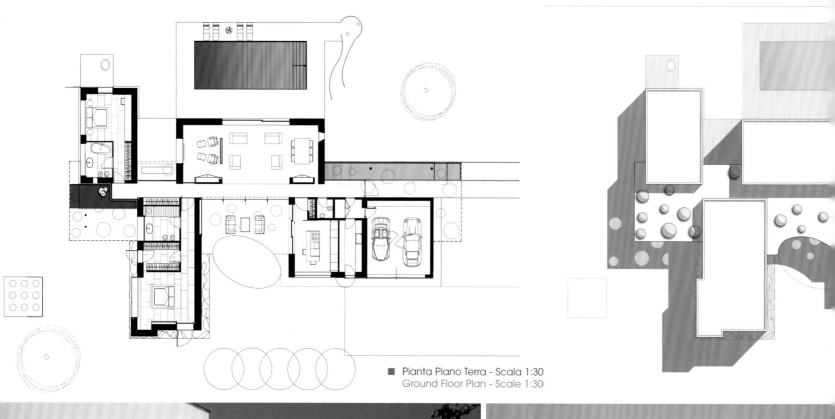

■ Pianta Piano Terra - Scala 1:30
Ground Floor Plan - Scale 1:30

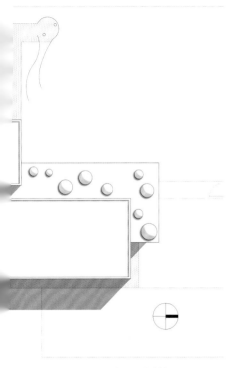

■ Planimetria - Scala 1:300
Site Plan - Scale 1:300

vista, con linee orizzontali continue in rilievo a scandire le facciate; intonaci diversificati per consistenza materica e percettiva (intonaco rasato, intonaco grezzo, intonaco strollato) per proporre campiture in geometrie curvilinee a tonalità accostate e differenze tattili, seguendo un omaggio esplicito alle poetiche informali di Alberto Burri; pareti rivestite in lastre di pietra in tessitura a geometria libera. Inserti in pietra si protendono lungo le pareti; all'articolazione dei materiali e dei trattamenti di parete si aggiungono due grandi elementi a lastra metallica con finitura a lingue orizzontali lucide e satinate: ad ovest, per l'apertura basculante del garage, e sul lato orientale, un'ampia lastra scorrevole che racchiude la porta-finestra della stanza per gli ospiti e in posizione aperta mette la stanza in connessione visuale e fisica col giardino, una parete mobile che esce dal perimetro di pianta e indica una sorta di limite. La villa compone geometrie rilevanti, sul piano visivo e sul piano delle connessioni funzionali, scompaginando le simmetrie ed articolando punti di aggregazione architettonica. L'asse del corridoio, ai cui due lati si distribuiscono in sequenza gli ambienti e i volumi (zona dei servizi igienici e della cucina, zona soggiorno, le due stanze da letto), si comporta come una galleria di luce. Lo sguardo corre nel volume interno ed abbraccia tutta la lunghezza della residenza: le pareti e le pavimentazioni chiare riflettono luminosità diurna e luce artificiale, le vetrate verso l'esterno smaterializzano e rendono impalpabile il volume per l'afflusso luminoso. Le porte degli ambienti riservati (zona cucina e servizi, le stanze da letto) divengono indistinguibili dalle pareti, in modo che la percezione si appoggi soltanto sugli elementi di luce. L'asse geometrico procede dall'ingresso vetrato e si

combination of materials and wall surface treatment, there are two sheets of metal finished in gloss and matt horizontal strips: one on the western side forming the garage up-and-over door, and on the east a sliding outer panel protecting the guest-room french-windows (it opens the room up to the garden, visually and literally, jutting from the perimeter when open to form a sort of end stop).
Visually and functionally, the complex contains some remarkable shapes; symmetries are broken, points of architectural convergence created. The corridor shaft off which the various rooms lead (bathrooms and kitchen, drawing room, two bedrooms) forms a tunnel of light. Inside it the eye embraces the whole length of the house; light-coloured walls and floors reflect back natural or artificial lighting; the windows onto the outside dematerialise the space as light floods in. Doors to more secluded rooms (bedrooms, bathrooms, the kitchen) merge into walls so that only the play of light is registered. This shaft of light runs from the glazed entrance-hall right through to where it frames the distant garden feature of an aged tree, and all the way accompanied by light off water: the pool flanking the northern entrance path, the swimming bath on the western side, the water feature that appears on the southern edge of the complex. Either side of the corridor lies the main bulk of the residence which is all windows onto the exterior, funnelling still more light into the interior layout and expanding the living space out of doors - an effect enhanced by the unbroken stone flagging running throughout. Off the tunnel of light to the east we have the sitting-room, connected by sliding windows to the garden and pool and itself

■ **Prospetto Ovest - Scala 1:200**
West Elevation - Scale 1:200

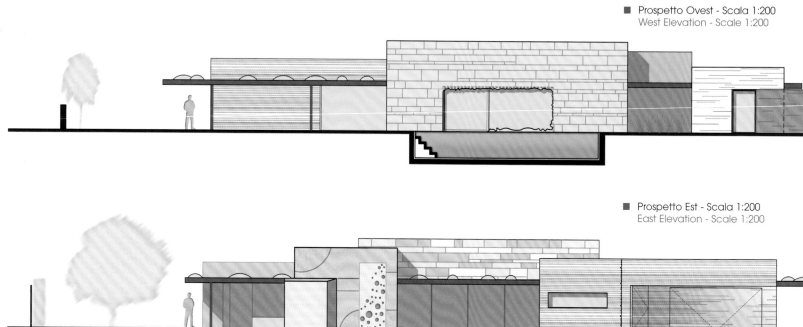

■ **Prospetto Est - Scala 1:200**
East Elevation - Scale 1:200

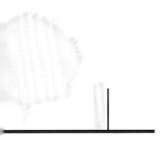

conclude traguardando attraverso la vetrata terminale un antico albero, un punto di riferimento nel giardino, un percorso accompagnato dai riflessi d'acqua, fra la vasca che si allinea col camminamento d'ingresso a nord, la piscina sul lato ovest, lo specchio d'acqua che appare al versante sud della residenza. Ai lati del corridoio, si pone il baricentro della residenza con le grandi vetrate verso l'esterno, ulteriore concentrazione luminosa sul percorso di distribuzione, espandendo la vivibilità della villa in una coniugazione di interno ed esterno, che viene arricchita dalla continuità del rivestimento in pietra che trascorre dall'esterno all'interno. Si forma un asse ortogonale passante e luminoso, che interseca il corridoio: a est, lo spazio di soggiorno si connette attraverso la vetrata apribile al giardino e alla piscina, costituendo nello stesso tempo un fondale scenico (fra l'altro, la vetrata scorrevole è inquadrata sulla parete esterna da un motivo a cornice frastagliata) e un luogo di concentrazione; ad ovest, sul corridoio si apre la vetrata che collega al patio protetto da una copertura in cemento bianco lisciato a geometria curvilinea con oblò circolari. L'asse visivo est-ovest è un baricentro di trasparenza, fende la villa e compone un addensamento dinamico che si accompagna alla coniugazione di effetti opposti: l'andamento di pianta si distende ed ha una conformazione apparentemente centrifuga, ma l'ordinamento complessivo mantiene un'idea unitaria. L'ambivalenza degli ambienti si pone fra separazione e correlazione, in una composizione che si esprime attraverso linearità semplificatrici e attraverso raffinatezze: sono volti differenti della medesima ricerca d'architettura, nell'insieme e nel dettaglio, come testimoniano i tagli nelle pareti interne ed esterne, l'osmosi fra interno ed esterno, gli scorci che si aprono per l'iterazione di una sorpresa continua.

forming a scenic backdrop (since the window is framed on the outside by a raggedly fretted cornice) as well as a place of secluded concentration; to the west a window opens onto a patio sheltered by a small curving white cement canopy pierced by round portholes. Visually, the east west axis is a convergence of transparency: it slices through the building and forms a dynamic concentration of opposite effects: there is a sprawling and apparently centrifugal air to the layout, yet an overall ordering principle preserves the sense of unity. Separate yet related in its details, the composition is a thing of subtle touches mixed with simplifying linearity - different faces of one and the same architectural quest - in the whole and in the part; and the same message is conveyed by the slits and openings in inner and outer walls, the osmotic link between indoors and outdoors, and the unexpected visual 'takes' as one surprise gives way to another.

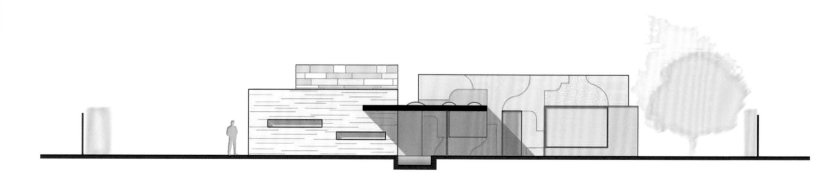

■ Prospetto Sud - Scala 1:200
South Elevation - Scale 1:200

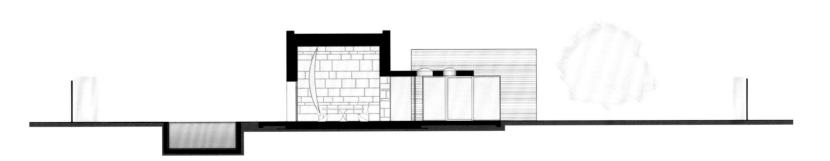

■ Sezione - Scala 1:200
Section - Scale 1:200

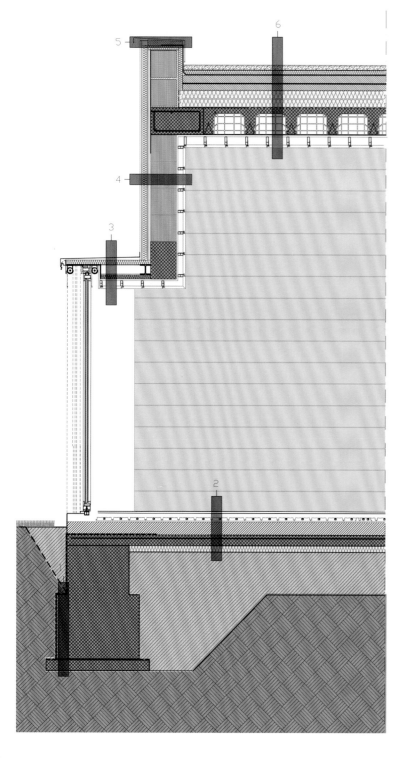

DETTAGLIO: SISTEMA COSTRUTTIVO
SCALA 1:25

1- Pavimento in resina, riscaldamento-raffrescamento a pavimento (spessore 10 cm), massetto alleggerito per passaggio impianti (spessore 12 cm), polistirene (spessore 6 cm), calcestruzzo (spessore 10 cm) con rete elettrosaldata filo 6120*20, ghiaia vibrata

2- impermeabilizzazione con bitume steso a caldo, fondazione in CA, guaina in neoprene, magrone (spessore 10 cm)

3- Scossalina 8110 in acciaio inox satinato, barriera al vapore, polistirene ad alta densità (spessore 4 cm), HEA 100, polistirene ad alta densità (spessore 4 cm), barriera al vapore, rasatura di intonaco (spessore 1,5 cm), boiserie in legno d'acero

4- Rasatura di intonaco (spessore 1,5 cm), poliestirene ad alta densità (spessore 4 cm), rasatura di intonaco (spessore 1,5 cm), blocchi in calcestruzzo, rasatura di intonaco (spessore 1,5 cm), boiserie in legno d'acero

5- Scossalina 8/10 in alluminio naturale, rasatura in malta cementizia, doppia guaina bituminosa armata posata incrociata, polistirene ad alta densità (spessore 4 cm), blocchi in calcestruzzo, rasatura di intonaco (spessore 1,5 cm), polistirene ad alta densità (spessore 6 cm), rasatura di intonaco (spessore 1,5 cm)

6- Ghiaia (spessore 6 cm), TNT, polistirene ad alta densità (spessore 4 cm), doppia guaina bituminosa armata posata incrociata, massetto delle pendenze (spessore 8-12 cm), polistirolo a bassa densità (spessore 16 cm), barriera al vapore, solaio in laterocemento (20+5 cm), rasatura di intonaco (spessore 1,5 cm), boiserie in legno d'acero

DETAIL: CONSTRUCTION SYSTEM
SCALE 1:25

1- Resin flooring, 4 3/4" (120 mm) screed with 4" (100 mm) embedded floor heating and cooling, 2 3/8" (60 mm) polystyrene, 4" (100 mm) concrete with electro-welded reinforcing bar, vibrated gravel

2- Hot-laid bitumen waterproofing, reinforced concrete foundation, neoprene sheath, 4" (100 mm) lean concrete

3- Satin-finish stainless steel flashing, vapour barrier, 1 5/8" (40 mm) high-density polystyrene, HEA 100, 1 5/8" (40 mm) high-density polystyrene, vapour barrier, 5/8" (15 mm) render, maple panelling

4- 5/8" (15 mm) render, 1 5/8" (40 mm) high-density polystyrene, 5/8" (15 mm) render, concrete blocks, 5/8" (15 mm) render, maple panelling

5- Natural aluminium flashing, cement mortar render, two reinforced bituminous sheaths laid crossways, 1 5/8" (40 mm) high-density polystyrene, concrete blocks, 5/8" (15 mm) render, 2 3/8" (60 mm) high-density polystyrene, 5/8" (15 mm) render

6- 2 3/8" (60 mm) gravel layer, synthetic membrane, 1 5/8" (40 mm) high-density polystyrene, two reinforced bituminous sheaths laid crossways, 3 1/8 - 4 3/4" (80-120 mm) thick screed forming slope, 6 1/4" (160 mm) low-density polystyrene, vapour barrier, 7 7/8 + 2" (200+50 mm) brick and concrete slab, 5/8" (15 mm) render, maple panelling

CREDITS

Location: Piadena, Province of Cremona
Client: Private
Completion: 2011
Gross Floor Area: 300 m²
Architect: ARKPABI - Giorgio Palù e Michele Bianchi Architetti **Contractor:** Edil 2003
Suppliers
Lighting: ViaBizzuno
Doors and Windows: Secco Sistemi

Photo by Roland Halbe
Courtesy Arkpabi

Identità architettonica: B5, edificio dei media comunicativi

Nella zona nord-est di Milano, fra assi di scorrimento veicolare, collegamenti metropolitani e il Parco Lambro, gli edifici del gruppo RCS costituiscono un polo della comunicazione e dei media, un luogo della modernità milanese nella seconda metà del XX secolo, in cui si poteva esprimere l'abilità imprenditoriale e l'avvedutezza prospettica; allora come oggi le scelte localizzative possono rappresentare nei fatti un indirizzo culturale importante, attribuendo valore ad azioni contrapponibili di rinnovamento, sostituzione, trasferimento. L'area nota come comparto Rizzoli, che costeggia la via dedicata al fondatore dell'impresa, Angelo Rizzoli sr., forma un caso d'interesse, poiché vi si opera una sostituzione architettonica che si potrebbe definire in loco, in quanto è l'azienda medesima a promuovere il rinnovo degli edifici, che ospitavano redazioni delle riviste e impianti tipografici, subentrando in questo modo a se stessa: nel 2001, il progetto (Boeri Studio: Stefano Boeri, Gianandrea Barreca e Giovanni La Varra) vincitore nel concorso ad inviti indicava un assetto sezionabile per tasselli successivi, nel duplice obiettivo di configurare un'identità architettonica relazionale degli edifici e un'identità urbana riconoscibile, una porzione di città che guarda al proprio interno e nello stesso tempo si apre al rispecchiamento con la città che matura evoluzioni significative. Una corte urbana aperta, determinata da un edificio ad immagine "vetrosa" composto da un corpo basso che verso il Lambro si erge in una torre d'angolo a 18 piani: questo

Architectural Identity: B5 Communications Media Building

Located in the north-east of Milan near major thoroughfares, Metro connections and parklands, the RCS publishing group buildings form a communications and media hub. An expression of entrepreneurialism and farsightedness, it typifies the modern Milan of the late twentieth century. Then, as now, choices of location can have important cultural implications, bringing value to contrasting redevelopment, renewal, and transfer projects. The area, which is known as the Rizzoli sector and runs along a street named after the company's founder, Angelo Rizzoli Sr., is an interesting case in that the architectural renewal that is underway could be defined as in loco, in that it is the company itself that is behind the renewal of the buildings, which housed the offices of the publisher's magazines and printing presses.

In 2001, the winning project for the site (Boeri Studio - Stefano Boeri, Gianandrea Barreca and Giovanni La Varra) was a structure designed so that it could be reconfigured at a later date. The aim was twofold: to create a shared architectural identity and a recognizable urban identity - a part of the city that is inward looking while at the same time reflecting the city as it evolves. The first construction on the site consisted of an open urban courtyard flanked by a building characterized by the extensive use of glass, consisting of a low section that, in the corner near the parklands, rises to an 18-floor tower. It was joined in 2011 by the B5 building, designed by Gianandrea

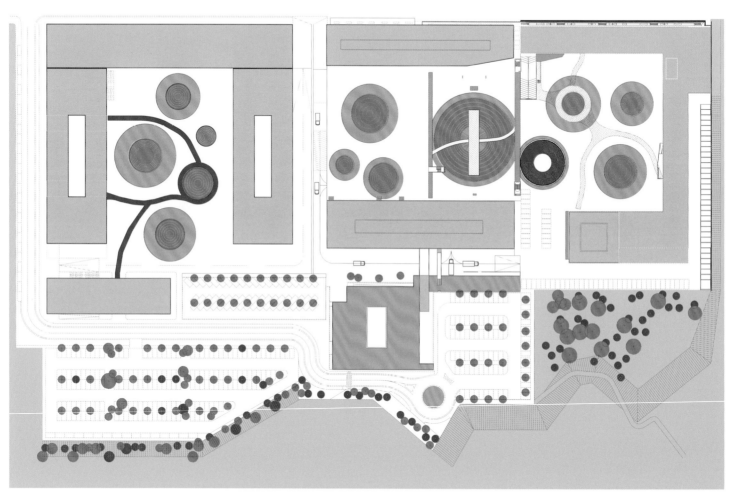

■ Planimetria - Scala 1:2000
Site Plan - Scale 1:2000

è il primo tassello dell'area, cui segue ora l'edificio B5, concluso nel 2011, secondo il progetto di Gianandrea Barreca e Giovanni La Varra, nel frattempo costituitisi in studio autonomo. L'edificio persegue la continuità con gli obiettivi del piano d'inquadramento, ponendosi in relazione con la costruzione realizzata adiacente (il cosiddetto blocco C, che forma la corte aperta e comprende la torre): la volumetria rileva i medesimi caratteri di semplificazione e regolarità della massa a parallelepipedo di cinque piani, un principio compositivo utile anche per le valutazioni di contenimento del dispendio energetico dell'edificio, che insieme all'ottimizzazione del progetto impiantistico a pompe di calore consentono di inserire l'edificio in classe A. Le facciate si sviluppano omogenee, associandosi nella correlazione dei materiali all'edificio C: la consistenza "vetrosa" ne caratterizza lo sviluppo, nell'idea di formare un punto di riferimento secondo un fronte duplice, per incrementare il valore configurativo verso l'interno dell'insediamento in cui si producono diverse forme dei media e fornire un indice d'orientamento verso le zone urbane circostanti. Lo studio del sistema facciata diviene oggetto prioritario, nella molteplicità dei fini: il progetto definisce un rivestimento di base unitario per l'edificio, lastre in vetro serigrafato, che si differenzia nella composizione articolata degli elementi. La ricchezza nell'immagine dei prospetti si determina in una combinazione per fasce orizzontali di moduli verticali: le lastre vetrate configurano una composizione

Barreca and Giovanni La Varra, who, since their 2001 design, had set up an independent architecture studio. The building reflects the same objectives as the framework plan in its position alongside the adjacent structure (the so-called Block C, which forms the open courtyard and incorporates the tower), with its five-storey rectangular block design having the same simplicity and regular features. The design is also energy efficient, making it possible for the building with its heat pump system to achieve a Class A rating.

The facades are all similar, with their materials reflecting those of Block C and likewise characterized by the extensive use of glass. The idea was to create a point of reference on two fronts: to enhance the configuration of this complex that produces different forms of media and to create a connection with the surrounding urban areas. The design of the facades was a primary focus and incorporated numerous objectives. The design provides for a uniform external finish for the building of silk-screened glass, but with different types of this glass used for the composition of the different elements. The elevations have a visual richness, created by the combination of horizontal bands and vertical modules. The glass creates a "graphic design", with overlapping elements, transparency and opacity, and alternating white and grey with black the dominant colour of the glass on the ground floor. The silk-screened toughened glass floor courses mark off horizontal divisions of the elevations,

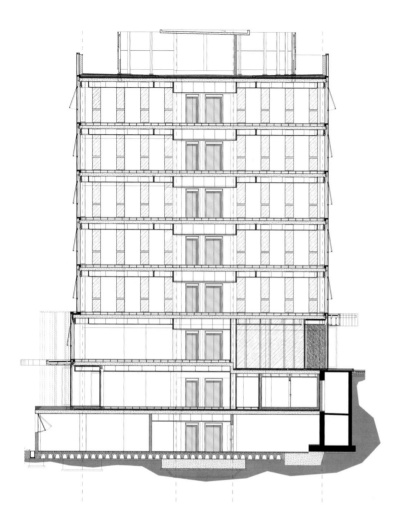

Sezione - Scala 1:300
Section - Scale 1:300

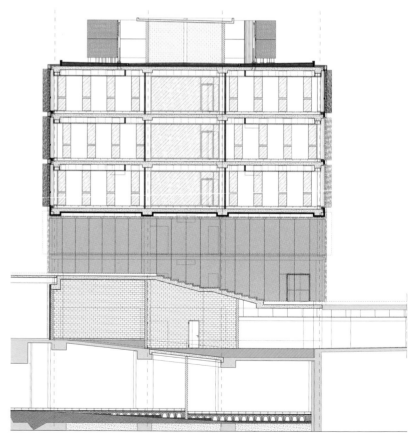

Sezione - Scala 1:300
Section - Scale 1:300

"grafica" delle facciate, incrociando gli elementi, fra trasparenza ed opacità, in coloritura alternata di bianco e grigio, mentre al piano terreno la coloritura dominante delle lastre è in nero. Le fasce marcapiano a pannelli in vetro temprato serigrafato scandiscono la partizione orizzontale delle facciate, una base monocroma in nero ad incorniciare le lastre verticali, che si dispongono in una tessitura sfalsata ai vari livelli. Il piano bidimensionale, graficamente articolato, del prospetto si arricchisce di una componente che determina profondità: dal filo di facciata emergono elementi seriali, lastre verticali in vetro serigrafato nero, con funzione anche di brise-soleil. Si genera così un carattere di mutevolezza, attraverso la coniugazione degli elementi della facciata, omogenei per materia e differenti per valori cromatici e di trasparenza, che segue le differenti condizioni di luce naturale, l'incidenza nel corso del giorno e delle stagioni, e propone una considerazione dinamica della visione: il punto di vista crea la connotazione percettiva della facciata e il movimento dell'osservatore coglie la variabilità programmatica lungo il perimetro dell'edificio. L'edificio B5 accentua implicazioni urbane, mediando fra quote diverse del suolo ed evidenziando il collegamento passante a piano terra, rivestito in lamiera stirata preverniciata in grigio, fra l'interno del comparto, il "villaggio della comunicazione mediale", e l'apertura verso i parcheggi e la vegetazione. La struttura portante è a travi e pilastri con solette in laterocemento e tamponamenti in laterizio; la pianta tipo si orienta alla flessibilità: le zone di lavoro si volgono verso il perimetro, i corpi scala ed ascensori, le zone servizi e le sale di riunione si dispongono longitudinalmente al centro del piano.

framing the vertical glass sheets, which are staggered on the different levels, in a uniform black. The graphically punctuated two-dimensional plane of the elevations is then underscored by an element that creates depth in the form of a series of silk-screened vertical glass panels that also act as sunscreens. A feeling of mutability is thus created through the combination of the different elements of the facades, which are the same material but in different colours and with different degrees of transparency and therefore appear different in different natural light conditions throughout the day and the seasons. This creates a visual dynamism, with different viewing angles offering a different perception of the facade. If moving, the viewer can take in the variations around the building perimeter.

The design of the B5 building accentuates its urban elements, following the different heights of the site and highlighting the ground floor level walkway, with its grey pre-painted mesh walls, between the interior of the building, the communications media "village", and the entrance from the car park and gardens. The load bearing structure is beams and columns with concrete and masonry slabs, and brick infill walls. The floor plan is designed for flexibility: The work areas are arranged around the perimeter, the stairwells and elevators, while the service areas and meeting rooms are arranged along the middle of each floor.

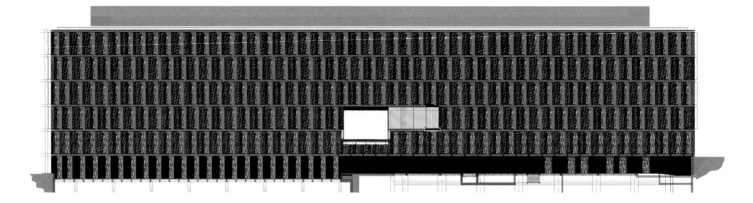

■ Prospetto Nord-Ovest - Scala 1:600
North-West Elevation - Scale 1:600

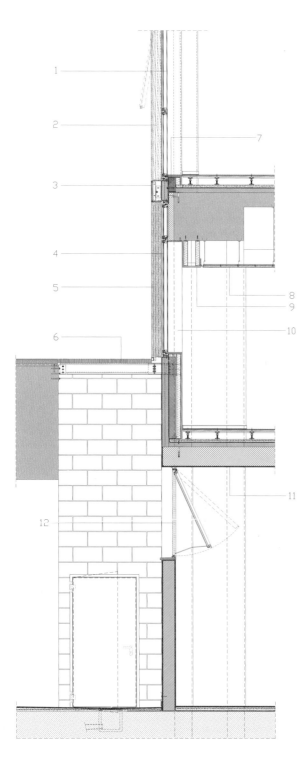

**DETTAGLIO: FACCIATA
SCALA 1:60**

1- Serramento con telaio in alluminio a taglio termico, anta apribile a visiera e vetrocamera 8/18/6+6 con fissaggio al telaio mediante sigillatura strutturale senza pressavetro a vista

2- Imbotte e rivestimento in vetro temprato serigrafato monocromo, sp. 8 mm, fissati con siliconatura strutturale ai profili di sostegno n alluminio

3 Fascia marcapiano, cielino e davanzale in vetro temprato serigrafato monocromo, sp. 8 mm, fissati con siliconatura strutturale ai profili di sostegno n alluminio

4 Serramento fisso con telaio in alluminio a taglio termico e vetrocamera 8/18/6+6 con fissaggio al telaio mediante sigillatura strutturale senza pressavetro a vista

5 Rivestimento in lamiera stirata di acciaio zincata e preverniciata

6 Grigliato di ventilazione dell'intervapedine in acciaio h=70mm, passo 15 mm

7 Chiusura REI di interpiano in lamiera di acciaio zincata sp. 30/10 rivestita con lastra ignifuga in calcio silicato e riempita con materiale isolante

8 Controsoffitto in doghe metalliche e profili di sostegno tipo bandraster

9 Fascia di compensazione del controsoffitto in cartongesso

10 Imbotte e cielino in vetro temprato serigrafato monocromo, sp. 8 mm, fissati con siliconatura strutturale ai profili di sostegno n alluminio

11 Rasatura intradosso con intonaco tipo pronto a base di calce

12 Serramento in alluminio con apertura automatica (comandata dall'impianto di rilevazione dei fumi) e vetrocamera 5/12/5

DETAIL: FAÇADE
SCALE 1:60

1- Top-hung 5/16 - 3/4 - 1/4 + 1/4" (8/18/6+6 mm) thermal-cut aluminium double glazing unit with glass attached by structural sealant without retainer
2- 5/16" (8 mm) thick monochrome silk-screened toughened glass trim fixed by structural silicone to aluminium profile supports
3- 5/16" (8 mm) thick monochrome silk-screened toughened glass floor course fixed by structural silicone to aluminium profile supports
4- 5/16 - 3/4 - 1/4 + 1/4" (8/18/6+6 mm) thermal-cut aluminium double glazing unit with glass attached by structural sealant without retainer
5- Pre-painted expanded galvanized sheet steel cladding
6- 2 3/4" (70 mm) steel ventilation grille over cavity wall with 5/8" (15 mm) openings
7- 11 7/8" and 4" (300 and 100 mm) thick galvanized sheet steel REI inter-floor smoke ventilators finished with calcium silicate fireproofing and filled with insulation material
8- False ceiling with metal slats and Bandraster profile supports
9- Gypsum board false ceiling edging fascia
10- 5/16" (8 mm) thick monochrome silk-screened toughened glass trim fixed by structural silicone to aluminium profile supports
11- Ready-mixed lime render 1/16 - 1/2 - 1/16" (5/12/5 mm) aluminium double glazing unit with automatic opening (operated by fire detection system)

CREDITS

Location: Milano
Client: Iniziativa Immobiliare Due (Prelios, Morgan Stanley, RCS Mediagroup)
Completion: 2011
Gross Floor Area: 12.500 m²
Architect: Barreca & La Varra - Gianandrea Barreca, Giovanni La Varra
Project Coordination: Andrea Perego
Artistic Management: Dino Polverino
Design Team: Alessandro Grassi, Fabrizio Lampis, Simona Oberti, Marina Ranieri
Development Management: Prelios

Consultants
Working Drawings and Structural Design: S.C.E.
Mechanical and Electrical Installations: Teknema Consulting
Fire Protection System: Studiogamma

Suppliers
Ceramic Tiles in Restrooms: Privedil
Stone Flooring in Entrances and on Stairs: VGC
Metal and REI Doors: Schievano
Waterproofing: Alajmo

Photo by Paolo Rosselli
Courtesy Barreca & La Varra

Orientare variazioni: intervento residenziale e commerciale

Il progetto dello studio Park Associati per l'intervento residenziale e commerciale ad Azzate introduce aspetti riflessivi: il nucleo di fondo verte sulla coniugazione degli elementi architettonici, che consente di articolare una visione temperata e tonale di modernità. Procedere per accumulazione e costituire coerenze d'insieme nel complesso edilizio, in una metodica applicazione dei concetti di variazione, funzionalità, integrazione. Il quadro complessivo dell'intervento propone contrapposizioni formali, a differenziare parti separate, nella ricerca di un inserimento attento nel paesaggio, che viene considerato elemento rilevante e basilare del progetto. Seguire le visuali e le prospettive verso l'ondulato paesaggio collinare sul fronte ad oriente verso la campagna, seguire ed accentuare differenze di quota nel terreno, comporre e differenziare l'architettura nel fronte verso strada. L'intervento si situa ad una quota più elevata rispetto alla strada e si scompone in due blocchi edilizi incernierati al livello del piano terreno attraverso una piastra commerciale, a modeste dimensioni. Lo snodo consente di accompagnare con una linea spezzata l'andamento curvo della strada e di denotare i prospetti secondo una diversa composizione, in modo da rimarcare visivamente le variazioni nell'orientamento. A loro volta, i blocchi negano la regolarità rettilinea, su ciascun fronte si formano angoli che frantumano, dinamizzano e frammentano i prospetti, nell'opposizione di concavità e convessità, agganciandosi a ventaglio sulla piastra commerciale.

Guiding Variations: Residential and Commercial Building Development

The plan by Park Associati for this residential and commercial development in Azzate offers food for thought. The core of the complex focuses on combining architectural elements that create a subtle vision of modernity. A step-by-step approach contributed to creating an overall uniformity in the design, with concepts applied to achieve variety, efficiency and integration. The general intention was to create contrasting forms to delineate the different areas of the buildings, while avoiding any disruption to the landscape, which was embraced as a key element of the design. Another key aspect of the design was to encourage the eye to follow the lines of the building towards the rolling hills to the east, while following and accentuating the natural contours of the site and creating a view from the street that emphasizes the different architectural features.

The building, which is above street level, comprises two blocks connected at ground level by a small shopping court. This connection makes it possible for the line of the two blocks to follow the curve of the road, which in turn draws attention to the different composition and orientation of each block. Neither has a regular, straight façade but more of a sequence of angles that fragment and energize them with contrasting concave-convex lines as they fan out from the shopping court. Inside, the residential units turn the resulting slanting walls into a design feature in the layout of bathrooms, kitchenettes and utility areas.

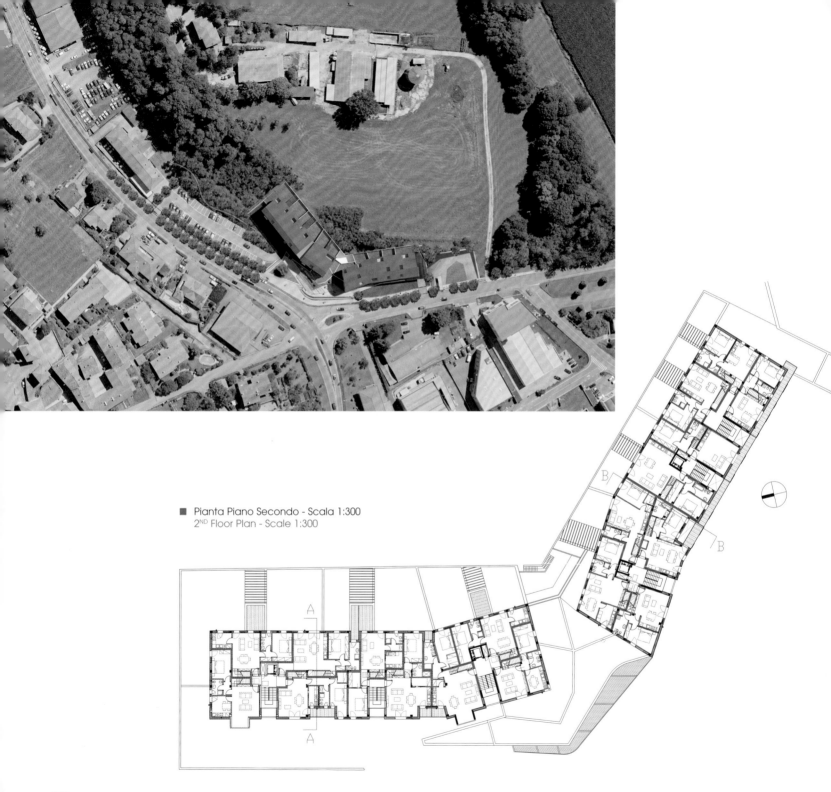

■ Pianta Piano Secondo - Scala 1:300
2ND Floor Plan - Scale 1:300

All'interno, la struttura degli alloggi assorbe gli inevitabili ambienti a pareti oblique, da un lato attrezzando piccoli vani per i servizi igienici, angoli cottura, attrezzature d'appoggio alle stanze, dall'altro evidenziandone la forma come un dato qualitativo. Il corpo a sud apre parte della facciata in un sistema di balconi a ballatoio, che corrono lungo il primo e il secondo piano, in un disegno di forte segno orizzontale che unifica il blocco e ne tende a smaterializzare il volume. Frangisole mobili in alluminio forniscono protezione dall'irraggiamento solare agli alloggi retrostanti e ai vani scala arretrati, poiché la facciata è orientata a ovest, e permettono nel contempo che il prospetto mostri elementi di variabilità nell'unità del disegno, nella casuale combinazione delle posizioni assunte dai frangisole. Il corpo edilizio a nord correla aperture finestrate di varia dimensione, bow-window a parallelepipedo di rilevante figurazione emergenti anche per la coloritura scura sul fondo chiaro del prospetto, balconi-terrazza a filo di facciata; inserti in sottili doghe di larice in corrispondenza dei vani scala ne costituiscono i frangisole e segnano partizioni verticali nella continuità orizzontale del prospetto. Principi unificanti del complesso residenziale si evidenziano in elementi architettonici ricorrenti, nell'uso dei materiali e nei rivestimenti. Le parti murarie delle facciate sono ad intonaco; il basamento a piano terreno racchiude in entrambi i corpi i garage di pertinenza con accesso dal fronte verso strada, il cui rivestimento in doghe orizzontali di larice contrassegna la funzione di servizio con un materiale naturale dal caldo tono di colore. La copertura ripercorre un tema tradizionale, il tetto a due falde, rinnovandone forma e materia: le falde sono asimmetriche, con lastre in alluminio, in una resa percettiva immediata e rilevante; finestre a raso e terrazzini in copertura forniscono luce ed aria all'ultimo piano. In entrambi i blocchi, quale fattore unitario nella composizione degli alloggi, il secondo piano e terzo piano ospitano unità abitative duplex.

The façade of the south-facing building has scenic balconies on the first and second levels, creating a powerful horizontal emphasis that both unifies the block and lightens its volume. Movable aluminium sun-shading protects the apartments, which are set back from the line of the façade, and stairwells from strong sunshine. The sun-shading is randomly placed to underscore the design of the west-facing frontage.
The second block, which faces north, has windows in different sizes, flush-set terraced balconies, and dark coloured bow windows that create a dramatic contrast with the pale frontage. Narrow larch slats provide sun-shading for the stairwells while superimposing a vertical effect on the façade's continuous horizontal line.
The use of the same architectural elements, materials and cladding has given a unity to the overall feel of the development. The masonry sections of the façades are rendered. The garages for the development, accessed directly from the road, are located on the ground floor of each block, with the area identified by horizontal larch slats, a distinctive natural material with warm nuances. The double-pitched roof is a traditional theme that has been given a new lease of life with an asymmetrical slope and sheet aluminium for immediate impact. The top floor gets both light and fresh air via the flush windows and terraces set into the roof. Both blocks have been designed to incorporate the same type of duplex dwellings on the second and third floors.

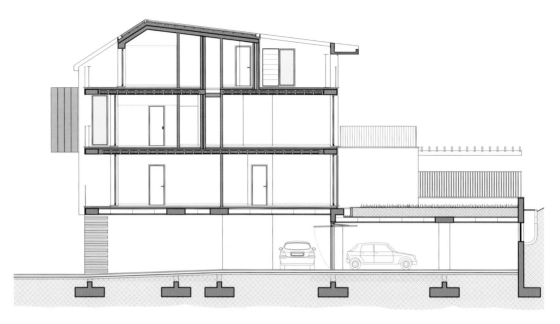

■ Sezione AA - Scala 1:200
AA Section - Scale 1:200

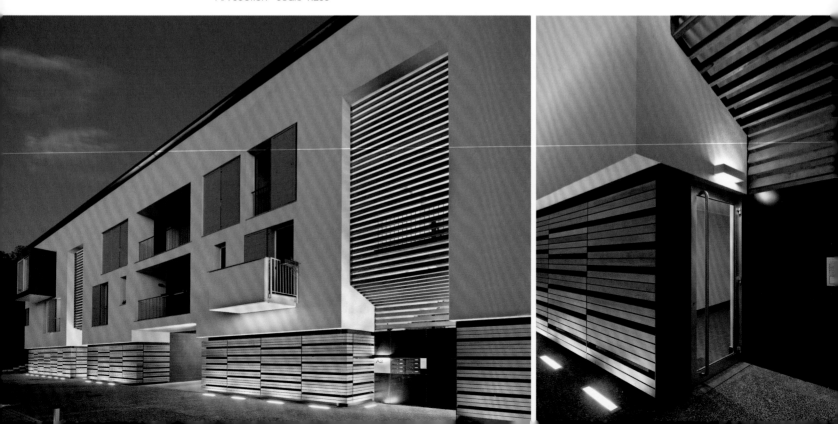

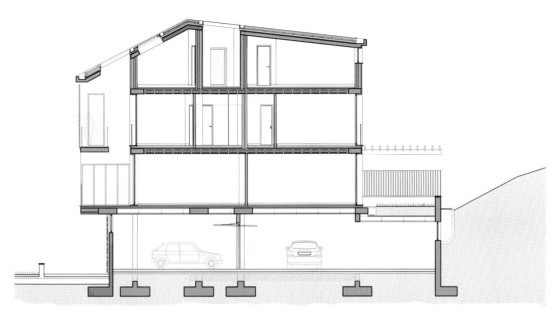

■ Sezione BB - Scala 1:200
BB Section - Scale 1:200

■ Prospetto Ovest - Scala 1:300
West Elevation - Scale 1:300

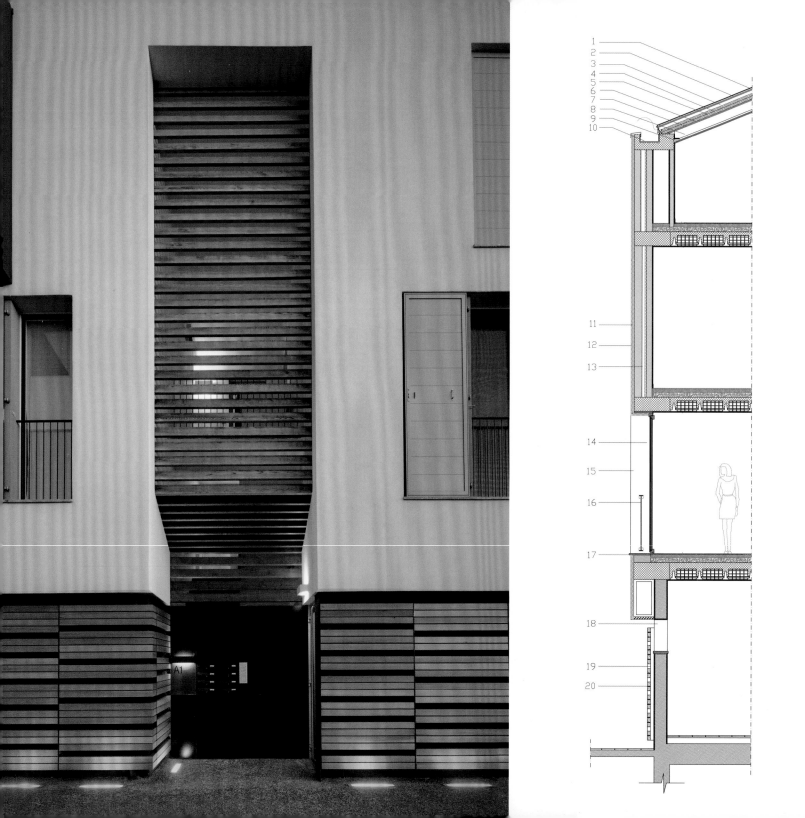

1
2
3
4
5
6
7
8
9
10

11

12

13

14

15

16

17

18

19

20

DETTAGLIO: FACCIATA
SCALA 1:70

1- Manto di copertura in lamiera di zinco titanio Rheinzink®
2- Tavolato di abete 2,4 cm
3- Listelli di legno per formazione strato di ventilazione sottomanto sp. 6 cm
4- Strato impermeabilizzante
5- Strato isolante
6- Barriera al vapore
7- Tavolato in legno di abete 2,4 cm
8- Travetto in legno h 16 cm passo 60 cm
9- Doppia lastra di cartongesso
10- Canale di scolo delle acque
11- Cappotto esterno con rasatura sp. 5 cm
12- Intonaco esterno sp. 1,5 cm (colore sikkens_f60372)
13- Muratura di tamponamento esterna
14- Serramento (colore ral_9003)
15- Pannello oscurante in alluminio (colore ral_7039)
16- Parapetto in ferro verniciato (colore ral_7039)
17- Soglia in serizzo
18- Foro per l'aerazione di cantine e garage
19- Montante verticale di supporto ai pannelli di rivestimento
20- Elementi di cedro

DETAIL: FAÇADE
SCALE 1:70

1- Rheinzink® zinc titanium roofing
2- 1" (24 mm) fir board
3- 2 3/8" (60 mm) timber battens forming roof ventilation space
4- Waterproofing layer
5- Insulation layer
6- Moisture barrier
7- 1" (24 mm) fir board
8- 6 1/4" (160 mm) timber beam, 23 5/8" (600 mm) space
9- Double gypsum board layer
10- Rainwater gutter
11- 2" (50 mm) exterior render
12- 5/8" (15 mm) exterior plaster (colour: sikkens_f60372)
13- Exterior infill wall
14- Window frame (colour: ral_9003)
15- Aluminium shade panel (colour: ral_7039)
16- Painted iron parapet (colour: ral_7039)
17- Granite threshold
18- Basement and garage ventilation opening for basements and garages
19- Upright supporting cladding panels
20- Cedar trim

CREDITS

Location: Azzate, Province of Varese
Client: FIM Group
Completion: 2011
Gross Floor Area: 3.367 m²
Architect: Park Associati - Filippo Pagliani, Michele Rossi
Design Team: Danilo Annoscia, Andrea Dalpasso, Marinella Ferrari, Marco Neri, Pietro Pezzani, Paolo Uboldi
Contractor: Albini & Castelli

Consultants
Structural: Eugenio De Amici
Heating and Plumbing: Zanzi & Fornasieri
Electrical Installations: S.I.G.I.E.

Suppliers
Timber Doors and Windows: Italserramenti
Aluminium Doors and Windows: Euroser F.lli Rota
Timber Panelling: Merlo

Photo by:
Andrea Martiradonna (pag.174,178,179,182,183)
Leo Torri (pag.180,181)
Courtesy Park Associati

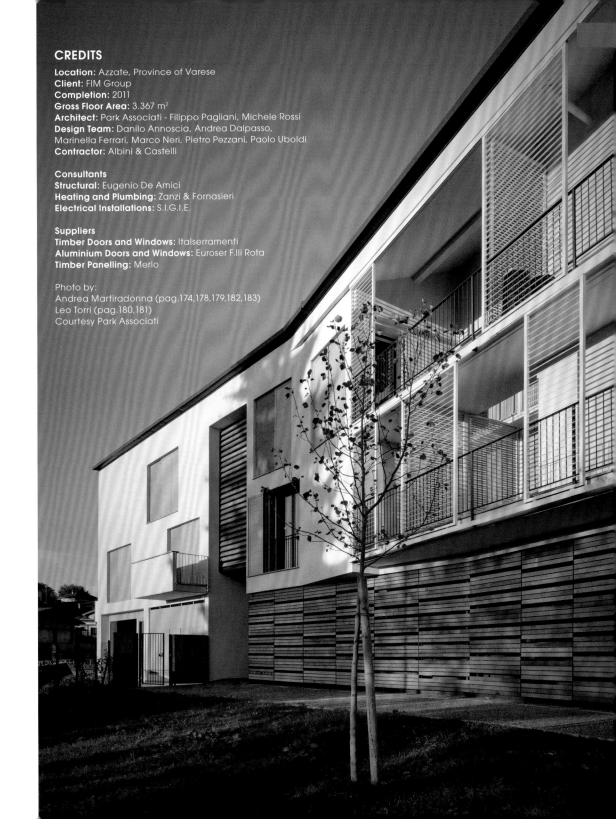

Innovare con equilibrio: edificio residenziale a Cesena

Il complesso residenziale si situa a Cesena, in una zona periferica, ad oriente del nucleo cittadino. Il contesto edificato immediatamente adiacente alla nuova costruzione presenta caratteri d'edilizia a dimensioni minute, in un tessuto abitativo diffuso e tradizionale. Il lotto su cui si sviluppa l'intervento, liberatosi per la trasformazione edilizia in seguito alla demolizione di un preesistente insediamento artigianale, è rettangolare: il progetto dello studio Tisselli si orienta a seguire la conformazione del lotto, elaborando un edificio a stecca, la cui pianta traccia una lieve deviazione dall'ortogonalità sull'asse longitudinale nord-sud. Il progetto accetta il dislivello del terreno, un dato che consente di rendere la sagoma dell'edificio commisurata al contesto immediato e di inserire i garages su due livelli, con accessi indipendenti: un piano interrato adibito a garages ed un piano che si suddivide fra alloggi e superficie per le automobili, nel settore addossato al rilievo del terreno. L'organizzazione del complesso residenziale corrisponde a criteri che si volgono a consolidare elementi d'innovazione formale e qualitativa, nella trama compositiva e nell'uso dei materiali, su una struttura portante generalmente di tipo tradizionale in cemento armato, e rendendo coerente a fermenti innovativi anche il tetto a due falde simmetriche, con copertura metallica. L'articolazione dell'edificio assicura una tensione identificativa: l'andamento fortemente orizzontale fornisce una nota distintiva nel contesto urbano adiacente; i prospetti principali, sui versanti longitudinali a sud-est

Innovation with Balance: a Residential Building in Cesena

This residential complex stands on the eastern outskirts of Cesena amid a traditional suburban landscape of small houses quite widely spaced out. The rectangular plot for development fell vacant when a previous artisan's workshop premises were demolished. The architectural practice of Tisselli tailored its plans to the shape of the plot: a long thin building which departs slightly from straight-sidedness only along its north-south axis. Accepting the irregularities of the terrain enabled the outline of the building to conform to the immediate surrounds, and suggested having independently accessed garages on two different levels: one basement just for garages and one floor half for accommodation and the other, where it abuts on rising ground, for private cars. In organisation the complex mixes formal and quality innovation - in the use of materials and in the composition texture - with a substantially traditional bearing structure in reinforced concrete; even the pitched symmetrical metal-clad roof contrives to lean towards innovation.

In its plurality of architectural features the building keeps an identity of tension: the pronounced horizontal shape stands out amid the neighbouring buildings. The main elevations - the long south-east and north-west sides -are distinguished by long loggia-like balconies set back from the façade line with parapets all of glass. The composition juxtaposes markedly "textural" portions - floor courses rendered in alternately light and dark colours - with the see-

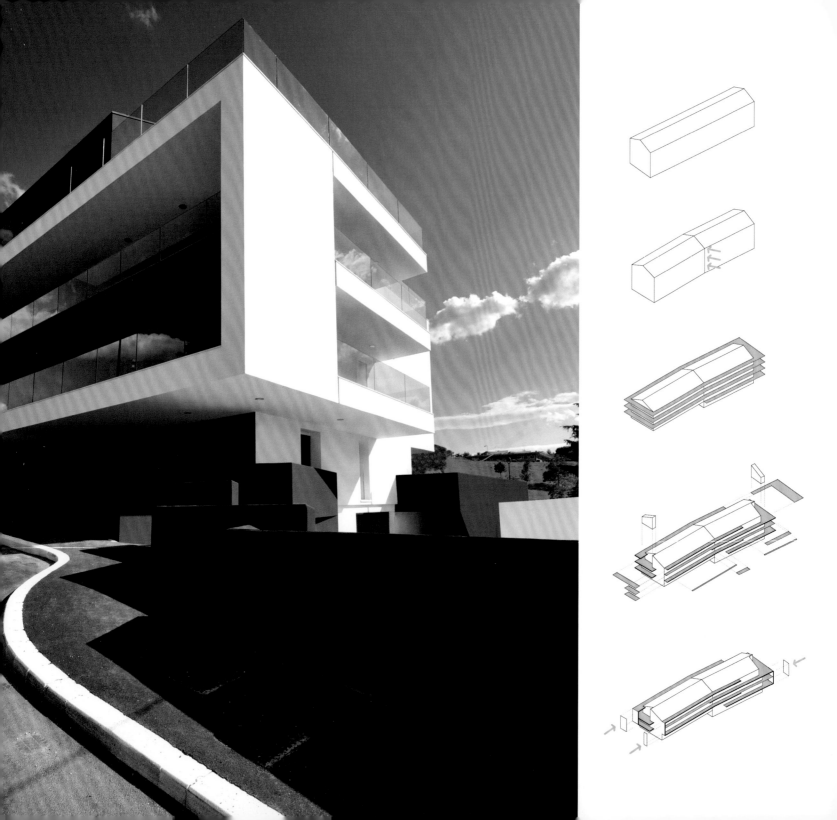

e nord-ovest, si connotano entrambi per la presenza di lunghi balconi a loggia interni alla sagoma dell'edificio, con i parapetti completamente vetrati. Il procedimento compositivo accosta elementi "materici" di notevole rilievo percettivo, le solette intonacate con coloriture alternate chiare e scure, alla trasparenza dei parapetti continui, senza montanti, e all'arretramento degli alloggi rispetto al filo esterno di facciata. Nell'apparente semplicità della sagoma, si interpolano istanze contrastanti. L'aggetto delle logge varia, da un piano all'altro ed anche sullo stesso livello di piano, e sottolinea un elemento fisico, volumetrico, di grande efficacia visiva, la cui struttura unisce soletta e mensola in cemento armato con travi in legno lamellare. La trama orizzontale diviene forma distintiva e si rafforza nell'uso di coloriture opposte, chiaro-scuro; il corpo degli alloggi si raggruppa sulla

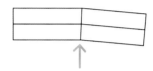

spina centrale della pianta, assumendo lontananza e riservatezza in quanto valori conformativi. L'assetto della relazione architettonica fra alloggi e spazi esterni tuttavia consente letture ambivalenti: riservatezza pur nella trasparenza dei parapetti, configurazione unitaria pur sezionata da una sequenza di elementi di separazione (vetrate bianche, fioriere in legno), che divide le logge in rapporto alle unità abitative. Una visione di materia e di rarefazione, che si completa con la rilevanza geometrica delle pareti intonacate che frammentano insieme ai balconi, fra pieni e vuoti, le testate a sud e nord; altrettanto rilevante è l'immagine di pienezza fornita dallo scuro e

sinuoso muro perimetrale di confine del lotto, che sembra in parte contenere l'edificio e fornir appoggio. Le logge, gli spazi aperti e protetti all'interno della sagoma, che appaiono ad ogni piano e sono pavimentati in legno, incrementano con naturalezza la qualità abitativa del complesso residenziale: l'aggetto introduce adeguata protezione all'irraggiamento solare estivo, senza dover ricorrere ad elementi frangisole, che apparirebbero divergenti nella definizione compositivo-geometrica dell'edificio.

through effect of the running parapet lines unbroken by uprights, and the resulting fact of the apartments being set back from the overall outline. Apparently simple, the shape conceals points of contrast. The amount to which the loggias protrude varies from one floor to the next and even within one and the same floor - a neat visual effect that brings out the physical volumes with the string-course ledges of reinforced concrete tying up with beams of laminated wood. The distinctive horizontal pattern is reinforced by the "chiaro-scuro" colouring. The apartments proper are grouped along the spine of the building which distances them and adds privacy. But the architectural relationship between recessed apartments and the outer line of balconies does cut two ways: privacy despite the see-through parapets, unity despite the separators between one apartment's balcony and its neighbour's (white glass partitions, wooden flower-boxes). The sense of matter mixed with rarefaction is completed on the end walls to north and south, with their pronounced geometric pattern of rendered wall portions broken up by balconies, full versus empty. Another feature is the solid-looking dark snaking perimeter wall that skirts the plot, seeming partly to contain and partly to bolster the building.

Coming back to the loggia-balconies - open yet sheltered within the outline, marking out each floor and paved in wood - they form an enhancement to the natural living quality of the whole complex. The slight projection is enough to give shelter from the summer glare without the need for sun-shield units which would clash with the neat geometrical composition of this building.

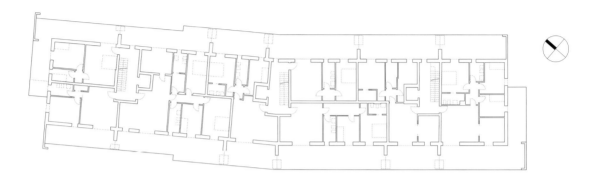

■ Pianta Piano Quarto - Scala 1:500
4ᵀᴴ Floor Plan - Scale 1:500

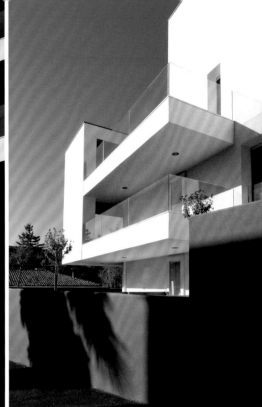
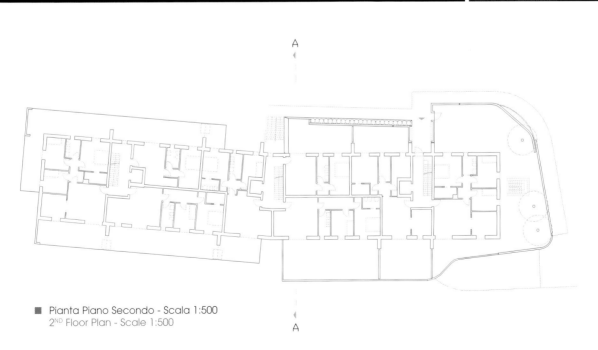

A

A

■ Pianta Piano Secondo - Scala 1:500
2ND Floor Plan - Scale 1:500

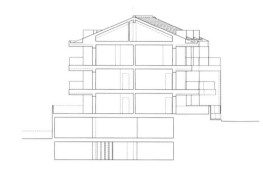

■ Sezione AA - Scala 1:500
AA Section - Scale 1:500

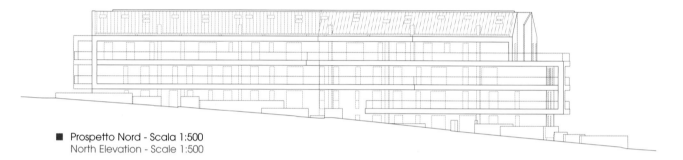

■ Prospetto Nord - Scala 1:500
North Elevation - Scale 1:500

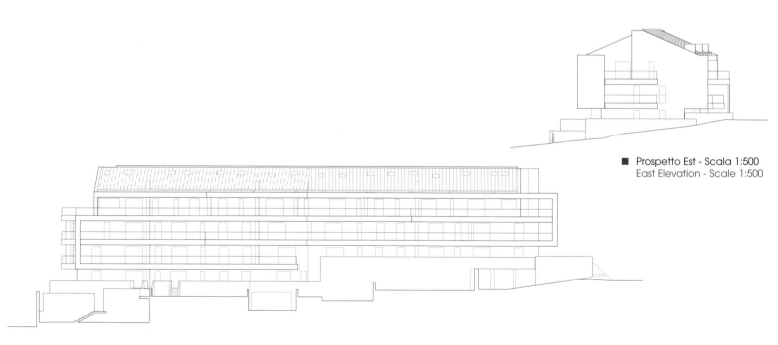

■ Prospetto Est - Scala 1:500
East Elevation - Scale 1:500

■ Prospetto Sud - Scala 1:500
South Elevation - Scale 1:500

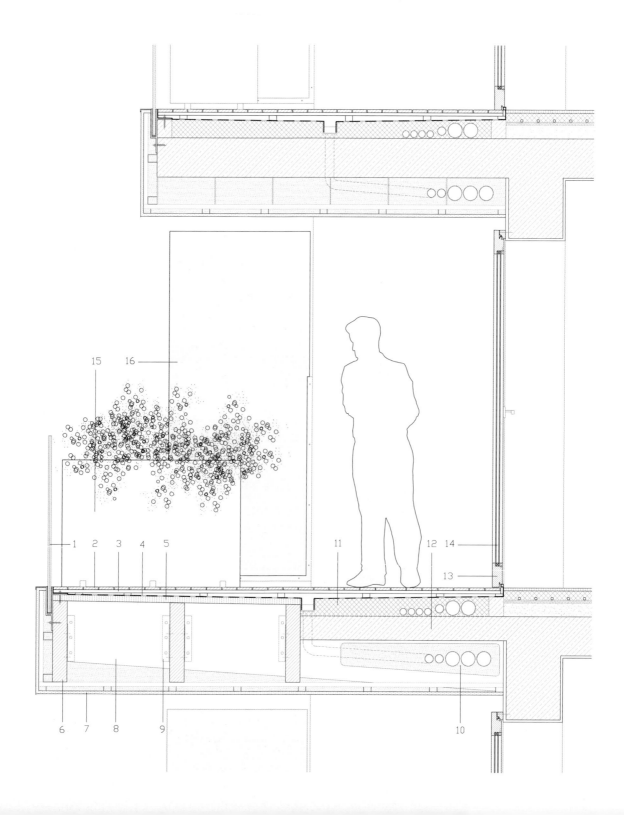

DETTAGLIO:
SISTEMA COSTRUTTIVO DELLA FACCIATA
SCALA 1:25

1- Parapetto in vetro
2- Legno drenante
3- Sottostruttura
4- Guaina
5- Assito
6- Trave in legno lamellare
7- Controsoffitto
8- Mensola in c.a.
9- Fissaggio travi
10- Passaggio impianti
11- Massetto in pendenza
12- Soletta in c.a.
13- Infisso in legno "tutto esterno"
14- Vetrocamera
15- Fioriera in multistrato marino
16- Vetro bianco latte

CREDITS

Location: Cesena
Client: Residence Cristallo
Completion: 2009
Gross Floor Area: 2.257 m²
Architect: tissellistudioarchitetti
Design Team: Filippo Tisselli, Cinzia Mondello, Filippo Tombaccini
Works Management: Filippo Tisselli, Cinzia Mondello
Contractor: SOL.DO.

Suppliers
Aerated Concrete Block Infill and Dividing Walls: Gasbeton RDB
Timber Roof: Euromontaggi
Zinc-Titanium Roofing: Lattoneria S. Pietro in Vincoli
Timber Doors and Window Frames: Centro Infissi Due
Entrance Doors and Glass Balusters in Stair Wells: Vetreria Del Savio
Timber Flooring: Florian
Gypsum Board and Exterior Paint: La Fenice
Carpentry: Arredamenti Mama
Garden: Piante e Fiori Scarpellini
Lifts: Bama
Zinc-Titanium Roofing: VMZinc
Motorized Skylights: Velux
Render: Fassa Bortolo

Photo by tissellistudioarchitetti

DETAIL:
FAÇADE CONSTRUCTION
SCALE 1:25

1- Glass parapet
2- Decking
3- Joists and bearers
4- Membrane
5- Planking
6- Glulam beam
7- Suspended ceiling
8- Reinforced concrete beam
9- Joist hangers
10- Installation space
11- Sloping screed
12- Reinforced concrete slab
13- Timber frame
14- Double-glazing
15- Marine plywood planter
16- Milk white glass

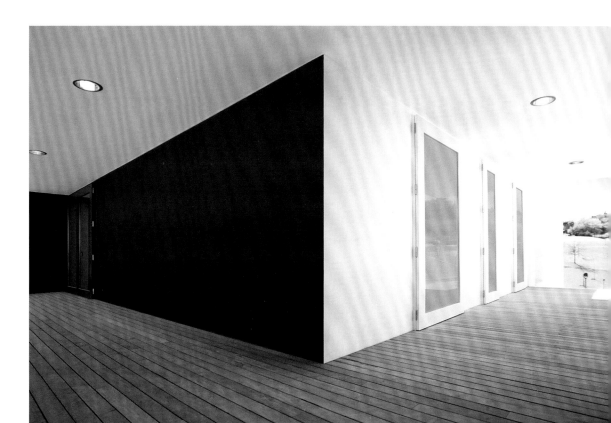

Intersezioni di spazi e volumi: residenza M+R ad Altedo di Malalbergo

Ad Altedo di Malalbergo, località sull'asta di comunicazione fra Bologna e Ferrara, il progetto di Diverserighestudio (gli architetti Simone Gheduzzi, Nicola Rimondi, Gabriele Sorichetti) per un edificio residenziale a due piani con due unità abitative si propone di fornire spazi ecletticamente dinamici, verificare ambiti d'innovazione, introdurre un'architettura desunta dall'intersezione dei volumi. L'architettura delle residenze M+R si raffronta con un quadro urbano d'edifici dai contorni tradizionali ad altezza omogenea; all'orizzonte nord un filare d'alberi ad alto fusto marca un confine visivo al di sopra delle case circostanti, sul fronte verso sud si apre la campagna. Il carattere che informa il progetto si delinea nell'iterazione di geometrie intersecate, nella cui traccia si assommano punti di vista plurimi, suddivisioni e sovrapposizioni, contrazione e dilatazione degli spazi. Interno ed esterno soggiacciono ad una medesima logica, che procede per sottrazione ed accumulazione. I volumi si sezionano, aprendo nicchie e prospettive, in un processo di scavo volumetrico che contrassegna lo sviluppo delle facciate all'esterno, in modo da rendere evidente una dimensione multipolare dell'edificio, che sfugge ad una configurazione lineare e si arricchisce degli aggetti aguzzi della copertura. Ne è un corollario la disposizione planimetrica, che intreccia le due unità abitative lungo una poligonale spezzata e ne sovrappone parzialmente gli ambienti. Allo stesso modo, la composizione degli spazi interni moltiplica le sovrapposizioni, le angolazioni visuali, proponendo in entrambe le

Intersecting Space and Volume: the M+R Residence at Altedo di Malalbergo

Altedo di Malalbergo on the route between Bologna and Ferrara is where the practice of Diverserighestudio (architects Simone Gheduzzi, Nicola Rimondi and Gabriele Sorichetti) have designed a two-floor two-apartment building. The project sets out to provide an eclectically dynamic spatial layout, test various points of innovation, and gear architecture to the intersection of volumes.

These m+r homes stand in an urban setting of traditional shapes and uniform building heights. To the north a line of tall trees forms a boundary beyond the neighbouring houses; to the south the countryside stretches away.

The design hallmark of this project is the way geometrical shapes intersect and interact. This multiplies the viewpoints and causes the spaces to divide and superimpose, contract or expand. The same principle applies inside and outside: it is one of subtraction and accumulation. Niches and new perspectives are carved out of this dissection of volumes, and this affects the course of the outside façades.

The building gains a markedly multi-polar dimension, eschewing linearity, and the sharp overhangs of the roof augment the effect. By the same token, the site plan of the two apartments develops as a broken polygon, the rooms only partly overlapping. The way the indoor spaces are put together again redoubles the angled visual effect of superimposition: the rooms of both apartments seem to converge toward a focal point, some rising to

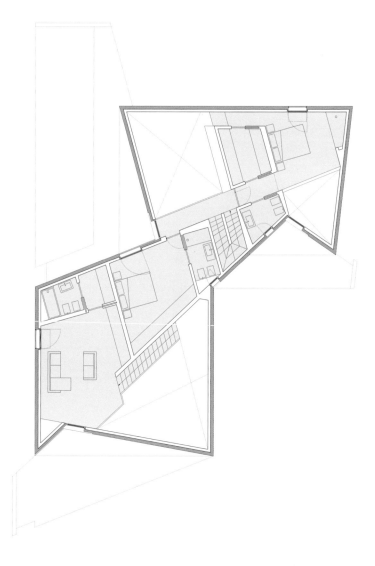

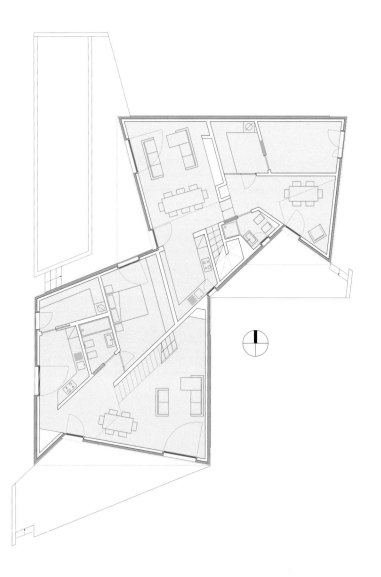

■ Pianta Piano Terra - Scala 1:200
  Ground Floor Plan - Scale 1:200

unità abitative spazi a doppia altezza per correlare gli ambienti in una convergenza focale e fornire alle zone principali di soggiorno un respiro verticale di immediata lettura. I prospetti suggeriscono direzioni preferenziali di connessione fra interno ed esterno, imprimendo nelle facciate a sud ed ovest un diretto rapporto fra gli ambienti di soggiorno e gli spazi pertinenziali dell'edificio con l'apertura di porte-finestre. Le strette finestre che si ergono sull'intera altezza dei prospetti sud ed ovest costituiscono una presenza dinamica duplice e biunivoca: segnano nella composizione della facciata un'acuta sezione verticale ed immettono all'interno rilevanti tagli di luce; le facciate ad est e a nord appaiono invece più chiuse, in ordine ad un'esigenza di maggiore riservatezza. Nella ricerca di equilibrate condizioni abitative, le residenze dispongono entrambe di porzioni d'affaccio privilegiato verso l'esterno e all'interno presentano il medesimo accento volumetrico sul soggiorno. Coniugare i materiali è un aspetto di fondo nel progetto: accenti materici si riscontrano nelle porzioni dei prospetti, che distinguono superfici intonacate a vista e settori rivestiti da listelli in legno di larice naturale, risvoltando sull'intradosso visibile della copertura. All'interno, la luce naturale si segmenta, proveniente dai tagli verticali delle finestre, dalle ampie aperture a porta-finestra a livello di pavimento e dai lucernari in copertura, e scorre sulle differenti qualità dei materiali: il legno, che analogamente ai rivestimenti lignei esterni si prolunga su pavimenti, soffitti e nei parapetti delle scale, quasi ad unificare differenti superfici e proporre giochi di scomposizione e ricomposizione dei volumi; le sezioni di parete ad intonaco; i parapetti in vetro dei ballatoi, che prospettano sullo spazio a doppia altezza degli ambienti di soggiorno. La struttura portante dell'edificio è in legno multistrato, la copertura è rivestita in lastre di zinco-titanio, su cui si dispone un'ampia superficie a pannelli fotovoltaici.

double height which gives the main living areas an immediate sense of verticality. The principle of connection between inside and outside is reflected in the façade elevations. To south and west a direct relation is suggested between living rooms and subordinate spaces thanks to the spatial arrangement of french-windows. These thin window apertures rise the full height of the south and west façades in a matching twosome: they form an acute vertical angle, and let in generous shafts of light. By contrast, the east and north façades are more blank, reflecting a need for greater privacy. With a view to balancing the living conditions, the architects have given both apartments portions where they open more onto the outer world and both give the living-room pride of place. Matching up materials is another basic concern of this project.

The façades are textural, mixing portions of render and others of plain larch cladding spilling up onto the under face of the roof overhang. Indoors, the varied light shed by the broad floor-length french-windows and many skylights picks out the different properties of the materials: as on the outer cladding, wood lines the floors, ceilings and stair bannisters, as if to tie up different surfaces and play with volumes, taking them apart and putting them back together. There are also sections of white wall render, while glass balcony parapets look down on the full-height living areas. The bearing structure of the whole building is in multi-ply wood. On the roof of zinc-titanium sheeting a generous area is devoted to photovoltaic panels.

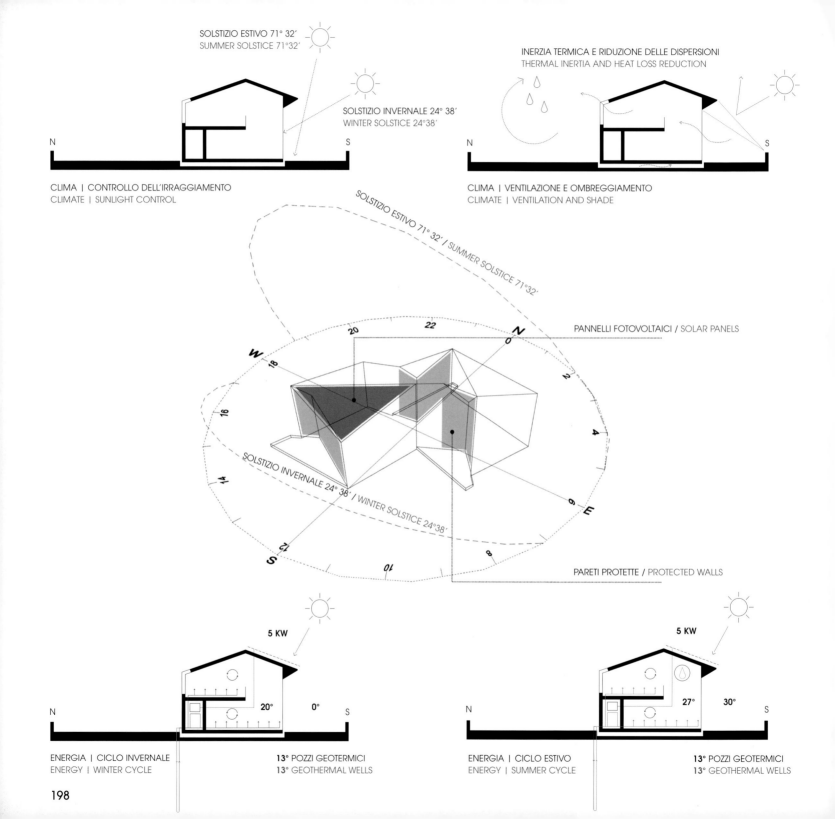

SOLSTIZIO ESTIVO 71° 32′
SUMMER SOLSTICE 71°32′

SOLSTIZIO INVERNALE 24° 38′
WINTER SOLSTICE 24°38′

N　　　　　　　　　　　　　　S

CLIMA | CONTROLLO DELL'IRRAGGIAMENTO
CLIMATE | SUNLIGHT CONTROL

INERZIA TERMICA E RIDUZIONE DELLE DISPERSIONI
THERMAL INERTIA AND HEAT LOSS REDUCTION

N　　　　　　　　　　　　　　S

CLIMA | VENTILAZIONE E OMBREGGIAMENTO
CLIMATE | VENTILATION AND SHADE

SOLSTIZIO ESTIVO 71° 32′ / SUMMER SOLSTICE 71°32′

PANNELLI FOTOVOLTAICI / SOLAR PANELS

SOLSTIZIO INVERNALE 24° 38′ / WINTER SOLSTICE 24°38′

PARETI PROTETTE / PROTECTED WALLS

W　18　16　14　12　S　10　8　E　6　4　2　0　N　22　20

5 KW

N　　　20°　　　0°　　　S

ENERGIA | CICLO INVERNALE
ENERGY | WINTER CYCLE

13° POZZI GEOTERMICI
13° GEOTHERMAL WELLS

5 KW

N　　　27°　　　30°　　　S

ENERGIA | CICLO ESTIVO
ENERGY | SUMMER CYCLE

13° POZZI GEOTERMICI
13° GEOTHERMAL WELLS

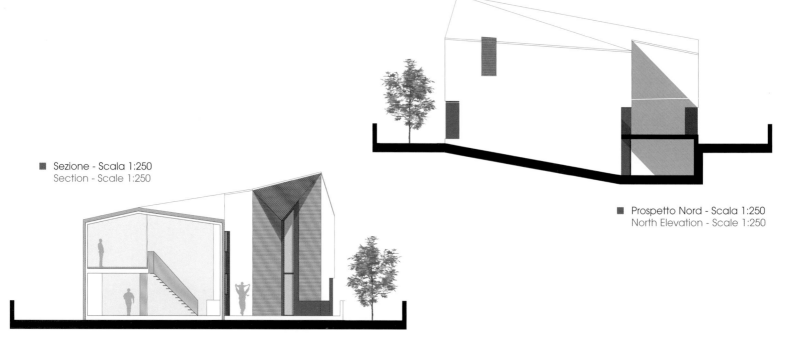

■ Sezione - Scala 1:250
Section - Scale 1:250

■ Prospetto Nord - Scala 1:250
North Elevation - Scale 1:250

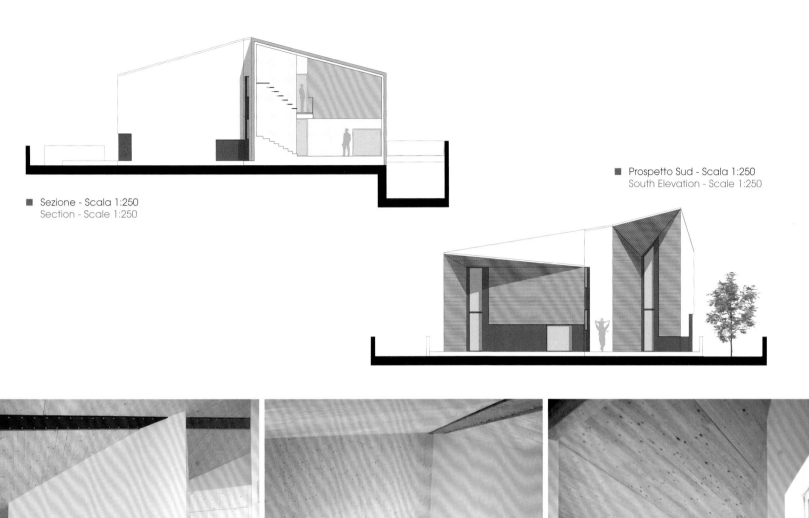

■ Sezione - Scala 1:250
Section - Scale 1:250

■ Prospetto Sud - Scala 1:250
South Elevation - Scale 1:250

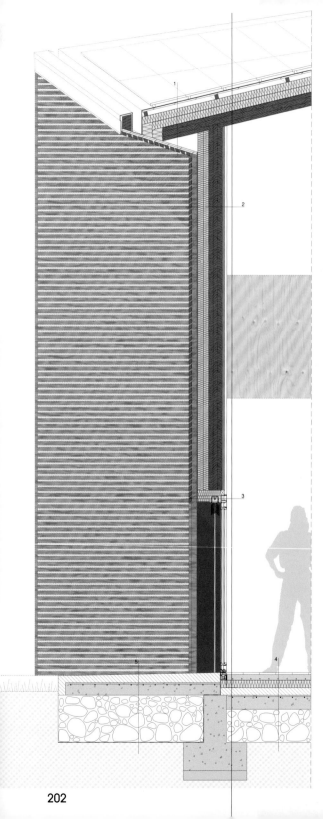

DETTAGLIO: SISTEMA COSTRUTTIVO
SCALA 1:40

1- pannelli fotovoltaici
profilati metallici di sostegno
2 mm zinco-titano
5 mm rete fonoassorbente
50 mm strato di ventilazione
40x50 mm travetto in legno
80+80 mm fibra di legno
2 mm freno a vapore
147 mm struttura in xlam
15+15 mm pannello OSB
30x40 mm listello in larice naturale

2- 30x40 mm listello in larice naturale
60x60 mm montante in larice naturale
10 mm rasatura
60+60 mm fibra di legno
147 mm struttura in xlam
27 mm lana di roccia
25 mm pannello in abete naturale

3- 30x40 mm listello in larice naturale
60x60 mm montante in larice naturale
10 mm rasatura
60+60 mm fibra di legno
frangisole a pacchetto
infisso in alluminio tipo ASW65
vetrocamera

4- 20 mm listoni in larice
naturale fiammato
60 mm massetto autolivellante
su impianto a pavimento
80 mm isolante styrodur
80 mm massetto alleggerito
150 mm solaio in c.a.
vespaio areato

5- 50/100 mm pastina di cemento
150 mm solaio in c.a.
vespaio areato
2 mm tessuto non tessuto

DETAIL: CONSTRUCTION SYSTEM
SCALE 1:40

1- Solar panels
Metal profile support
1/16" (2 mm) zinc titanium
1/16" (5 mm) acoustic insulation mat
2" (50 mm) ventilation layer
1 5/8 x 2" (40x50 mm) timber
3 1/8 + 3 1/8" (80+80 mm) wood fibre
1/16" (2 mm) vapour barrier
5 3/4" (147 mm) XLam structure
5/8 + 5/8" (15+15 mm) OSB panel
1 1/4 x 1 5/8" (30x40 mm)
natural larch batten

2- 1 1/4 x 1 5/8" (30x40 mm)
natural larch batten
2 3/8 x 2 3/8" (60x60 mm)
natural larch stud
3/8" (10 mm) levelling
3 1/8 + 3 1/8" (60+60 mm) wood fibre
5 3/4" (147 mm) XLam structure
1" (27 mm) rockwool
1" (25 mm) natural fir panel

3- 1 1/4 x 1 5/8" (30x40 mm)
natural larch batten
2 3/8 x 2 3/8" (60x60 mm)
natural larch stud
3/8" (10 mm) levelling
3 1/8 + 3 1/8" (60+60 mm) wood fibre
Sun-shading
ASW65 aluminium double glazing

4- 3/4" (20 mm) flamed larch battens
2 3/8" (60 mm) self-levelling screed
embedding installations
3 1/8" (80 mm) Styrodur insulation
3 1/8" (80 mm) light screed
5 7/8" (150 mm) reinforced
concrete slab
Ventilation space

5- 2 - 4" (50-100 mm) concrete
5 7/8" (150 mm) reinforced
concrete slab
Ventilation space
1/16" (2 mm) vapour
permeable course

CREDITS

Location: Altedo di Malalbergo,
Province of Bologna
Client: Private
Completion: 2011
Gross Floor Area: 350 m²
Architect: diverserighestudio -
Simone Gheduzzi, Nicola Rimondi,
Gabriele Sorichetti architetti
Design Team: Marco Ciavatti,
Giuliana Gigante, Riccardo Castaldini,
Simone Veronese, Alice Marzola
Works Management: diverserighestudio -
Simone Gheduzzi, Nicola Rimondi,
Gabriele Sorichetti architetti
Contractors: Pro Holz Emilia -
Pier Paolo Povoledo,
FB Impianti,
Nuove Energie

Consultants
Structural: Lucio Fierro
Electrical and Mechanical Installations:
Enargo - Massimo Giunta,
Stefano Donini, Guido Rossi

Suppliers
Fastening Systems: Rothoblaas
Timber Flooring: Fiemme 3000
Geothermal Heat Pumps: Weishaupt
Insulation: Naturalia Bau
Render: Rofix
Domotics: Easy Dom
Doors and Windows: Schüco

Photo by Davide Menis
Courtesy Diverserighestudio

Oratorio della parrocchia della Sacra Famiglia, Manfredonia

A Manfredonia, storica città pugliese d'origine medievale sul mare Adriatico, in una zona segnata da un'espansione urbana ad alta intensità edilizia, l'Oratorio della Parrocchia della Sacra Famiglia completa il lotto in cui si trovano la chiesa omonima, a pianta triangolare, e l'edificio della canonica. Il contesto urbano in cui si inserisce il lotto della Parrocchia non offre ragguardevoli presenze architettoniche dalle quali trarre riferimenti o con le quali proporre dialoghi. La scelta è obbligata: per soddisfare il complesso programma d'attività (centro d'aggregazione giovanile, luogo educativo e catechistico, luogo d'attività comunitarie), lo sviluppo dell'architettura deve concentrarsi sull'area libera del lotto, concentrare le volumetrie, introdurre una conformazione planimetrica che possa mediare fra spazi aperti e volumi. Il progetto elaborato dagli studi AtelierMap e Planprogetti, usi a collaborazioni significative, interviene ipotizzando un luogo architettonico che riprende forme e modalità del chiostro, trasformandole: luogo delle mediazioni, fra apertura e protezione, fra concentrazione degli spazi e percorribilità anche per frammenti, luogo in cui si coglie un respiro d'ariosità pur all'interno di un blocco edificato. La planimetria mostra la concentrazione sullo spazio aperto centrale, la corte su cui prospettano gli unici affacci dei corpi edilizi. I volumi a parallelepipedo sono disposti ortogonalmente per formare la corte rettangolare, due stecche ad un piano ospitano aule e sale di riunione, sul fondo si colloca

Oratory of the Parish of the Holy Family, Manfredonia

The Apulian town of Manfredonia on the Adriatic coast, dating from medieval times, has an area of high-density building development. One plot contains the triangular Parish Church of the Holy Family complete with presbytery, and is now being completed with an Oratory of the Holy Family. The parish building site provides no significant landmarks to refer to or dialogue with. Nor is there any room for choice: in order to meet a complex brief (youth meeting hall, catechism and education classrooms, community activities centre) the architect can but focus on the remaining space in the plot, concentrate the volumes, and go for a site plan that steers a middle course between open place and rooms proper. The firms of AtelierMap and Planprogetti, who are used to teaming up on major operations, have taken their cue from the cloister idea and developed on from there: a place of mediation, part open, part protected, concentrating spaces though with a fragmentary sense of 'through' direction, a place that has an airy feel despite being in a building block. The plan hinges on the open central area or court onto which alone the various structures turn. A set of cube-shaped buildings at right-angles forms a rectangular quad: two long thin one-storey structures house teaching rooms and meeting halls, while the bottom end is occupied by the main feature, a large double-height multi-purpose hall, its façade divided into a groundfloor strip of glass and an upper strip of exposed cement framing the "cloister". On the road side the access point is straddled by another

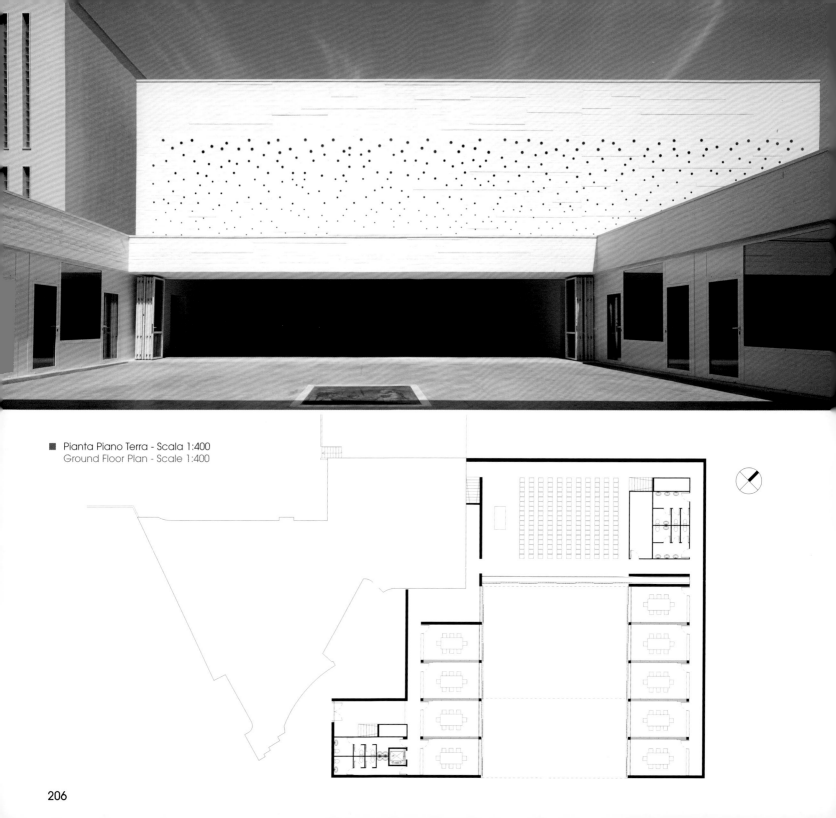

■ Pianta Piano Terra - Scala 1:400
Ground Floor Plan - Scale 1:400

l'elemento più significativo, la grande sala polivalente a doppia altezza, bipartita nella fascia vetrata a terra e nella fascia in cemento a vista che costituisce il fondale superiore, la conclusione architettonica del "chiostro". Verso la strada, l'accesso, sormontato da un ulteriore volume per piccole sale, è un lungo portale di sedici metri d'apertura, un passaggio che consente d'inquadrare la superficie della corte e il fondale architettonico della sala: la funzione originaria consisteva nel proporre un transito fluido e continuo verso l'Oratorio, ora permane in ogni caso la permeabilità visiva verso l'interno. I materiali, in relazione anche a contenute disponibilità economiche per la realizzazione, si semplificano nella direzione di valorizzare i rapporti fra gli spazi e le attività: il calcestruzzo a vista per i muri perimetrali dispone i corsi orizzontali verso una rilevanza decorativa nelle variazioni dimensionali e nella finitura grezza; il cemento a finitura levigata per i pavimenti unifica gli spazi interni ed esterni; la sequenza di aperture vetrate ad infissi in alluminio ritma gli affacci sulla corte. La sala grande, il fondale del chiostro, accentua la configurazione polivalente per mezzo degli infissi a pacchetto, che consentono di variare l'assetto della sala da chiusa ad aperta, in diretta continuità con la corte. Sulla parete superiore sono disseminati in libera configurazione fori in plexiglas gettati in opera: il tracciato decorativo di superficie diviene strumento di trasmissione per fiotti di luce che si riflettono all'interno della sala distillando affascinanti composizioni geometriche, nel compimento immateriale di una relazione fra cielo e terra.

series of small rooms. It suggests a 16m-long carriageway through which the court area and its architectural backdrop are glimpsed. Its original purpose may have been to allow a steady flow of faithful towards the Oratory; what remains is a visual access through to the interior.

Limited funding meant simplifying materials while marking the relation between spaces and their activities: the architectural concrete of the perimeter wall makes decoration out of the varying course width and the roughcast finish; fine-smoothed cement floors link outside to inside; the string of aluminium-framed windows lend a pattern to the façades overlooking the court. The big hall acting as end-stop to the cloister is emphatically multi-purpose in its barrage of doors and windows which close off or open up the hall straight onto the central quad. The upper wall surface is freely strewn with Perspex apertures inserted right from the casting phase. This surface decoration also lets through shafts of light which reflect inside the hall and make fascinating geometrical compositions - achieving an immaterial connection between earth and sky.

■ Sezione - Scala 1:250
Section - Scale 1:250

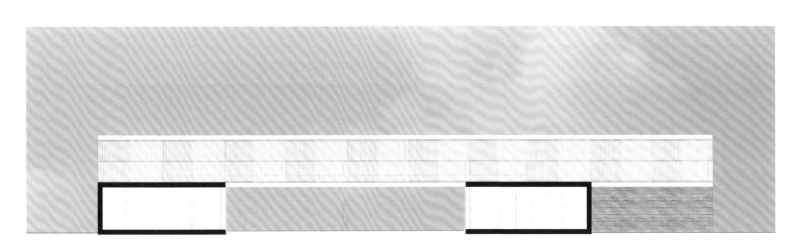

■ Sezione - Scala 1:250
Section - Scale 1:250

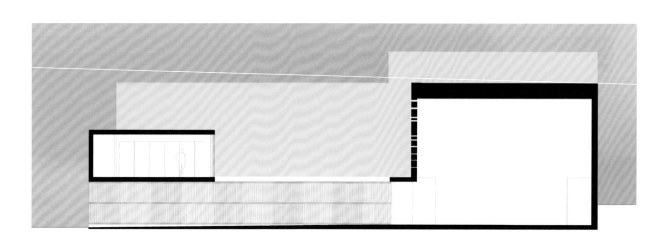

■ Sezione - Scala 1:250
Section - Scale 1:250

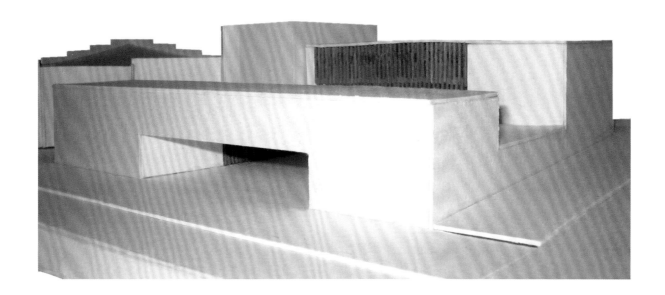

CREDITS

Location: Manfredonia, Province of Foggia
Client: Curia Arcivescovile di Manfredonia
Completion: 2009
Gross Floor Area: 680 m²
Architects: Planprogetti - Sergio delli Carri,
Gaetano Gelsomino, Giuliana Granatiero;
AtelierMap - Gianfranco Gianfriddo,
Luigi Pellegrino, Francesco Cacciatore
Collaborators: Angelo Zingale, Michael Renna, Simone Vitale
Contractor: Eredi Paolo De Salvia & C.

Consultants
Structural: Gaetano Gelsomino

Photo by Peppe Maisto
Courtesy Planprogetti

Costruire nel paesaggio, verso l'orizzonte marino: residenza in Liguria

Una residenza a Bergeggi, in provincia di Savona, situata sul declivio della costa ligure di Ponente, verso gli orizzonti del mare: il progetto di Marco Ciarlo procede dai valori paesaggistici, impliciti nello sconfinato orizzonte marino che si può percepire dalle alture in costa, che rappresenta il riferimento basilare, e mutevole, per lo sguardo soggettivo e per la composizione degli spazi abitativi. L'architettura partecipa al processo di costruzione del paesaggio, assemblando una presenza esplicita e nello stesso tempo discreta, coerente alla determinazione di una presenza antropica, ma sottile nell'interpretare l'accostamento agli elementi della natura. Il declivio è percorso da una scalinata che conduce al mare, e divengono evidenti i terrazzamenti ed i muri di contenimento in pietra, indice di continuità con una solida tradizione costruttiva. La villa si distende su un terrazzamento, procedendo nell'idea di fondo di una configurazione per linee orizzontali, in una meditata sovrapposizione alle linee caratterizzanti il paesaggio. L'edificio si sviluppa su tre livelli, collegati da ascensore e scala interna, in una progressione che distingue vari gradi di visibilità e relazione con l'esterno, un piano interrato, un seminterrato con aperture finestrate ed il livello superiore, il volume di maggior spicco, che vive dell'ampiezza di relazione con l'orizzonte sul mare. Al livello seminterrato si collocano, separati da un atrio distributivo, tre locali accessori e la zona notte, con due stanze da letto. I due nuclei manifestano una differente connotazione: il prospetto dell'edificio

Building in the Landscape against a Sea Backdrop: a Residence in Liguria

Marco Ciarlo has designed a seaside residence in Bergeggi (Savona province) looking out across the Mediterranean from the slopes of the western Ligurian coastline. He began with the values discernible in the landscape and implicit in the endless sea views from high up above the coast since these are what fix and change one's perception of the area and the composition of the living spaces. The architecture forms part of the process of building the landscape, creating an explicit yet discrete presence that is consistent with human habitation, but also subtle in interpreting the interrelation with nature. The slope has steps leading down to the sea and the terraces with their stone retaining walls form a link to a solid building tradition. The villa spreads across a terrace, using a layout based on horizontal lines deliberately imposed on the lines that characterise this landscape. The building is on three storeys - linked by both a lift and a staircase - with a progressive variation in how much one can see and relate to the outside as one moves from the basement level, to the garden level with above-ground windows and the most striking volume of all, the upper storey with its interaction with the broad sea views. The middle storey has a hallway, off which are the accessory rooms and the night area, with two bedrooms. The two nuclei differ in character. The eastern side of the villa, where the sleeping area is located, is clad with wood slats that stand out against the plastered façades. The lift tower, also clad with wood slats, rises separately up to the roof

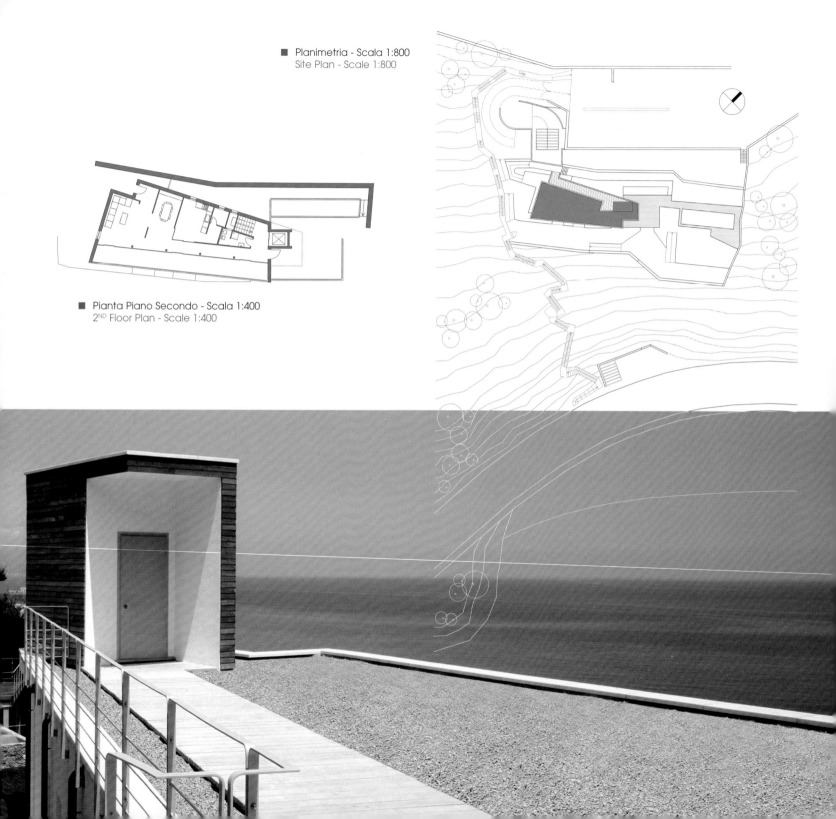

■ Planimetria - Scala 1:800
Site Plan - Scale 1:800

■ Pianta Piano Secondo - Scala 1:400
2ND Floor Plan - Scale 1:400

al lato est della villa, in corrispondenza della zona notte, si arricchisce di un rivestimento in doghe di legno, che spicca per contrasto con le facciate intonacate. La torre dell'ascensore, che si eleva separata a raggiungere la terrazza in copertura, è anch'essa rivestita in doghe di legno. La zona dei vani accessori è seminascosta da un muro in pietra simile ai muri di contenimento del terreno, con varchi posizionati in relazione alle finestre. Il piano superiore, completamente fuori terra, individua la sequenza degli ambienti, soggiorno sala pranzo e cucina, con il corridoio distributivo che si allunga sulla facciata e diviene anch'esso parte dello spazio di relazione: nella pianta trapezoidale la profondità degli ambienti si restringe progressivamente, fino a coincidere con la zona di distribuzione in cui si immettono le scale e l'ascensore. Il piano superiore è il luogo della residenza dove si esplicita il fondamento che lega l'architettura al paesaggio: la vetrata continua a tutt'altezza sul loggiato occupa l'intero prospetto, incorniciato da pareti e solette, ad inquadrare il nucleo abitativo. Gli spazi si dilatano, il loggiato protetto dalla soletta diviene immediato proseguimento degli ambienti di soggiorno, un segno orizzontale che marca il centro di vivibilità nella residenza, e sollecita la continuità programmatica fra interno ed esterno, accentuata anche dalla correlazione per tonalità e materia della pavimentazione, doghe in legno per gli interni e listelli parimenti in legno per il loggiato. E il parapetto vetrato della loggia contribuisce a rendere pressoché tattile la sensazione dell'orizzonte marino, dall'alto e senza barriere opache interposte. All'esterno, la terrazza, copertura per il volume della zona notte, e camminamenti pavimentati in legno conducono alla piscina sul lato est della villa: da qui, ancora, si traguarda il mare.

terrace. The accessory rooms are half hidden by a stone wall that recalls that retaining walls, with openings to allow space for the windows. The upper storey is completely above ground, with a living and dining area and a kitchen. A corridor runs along the façade, creating another social space. The trapezoidal layout means the rooms become progressively smaller until one reaches the section with the stairs and the lift. The upper storey is also the area that epitomises the link between the architecture and the landscape. The full-length, continuous glazing opening onto the loggia covers this entire side of the building, framed by walls and roofing, defining the living area. The spaces expand and the sheltered loggia becomes an extension of the living rooms, creating a horizontal sign that marks the living areas and suggests continuity between indoors and outdoors. This is reflected in the use of colours and materials for the floors, with parquet inside and wood slats outside on the loggia. The loggia's glass parapet makes it seem like one can touch the maritime horizon that stretches out below, unhindered by visual barriers. The top floor terrace - the roof for the sleeping area - and the wooden walkways lead to the pool on the eastern side of the villa. Here too, one's gaze can reach out to the sea.

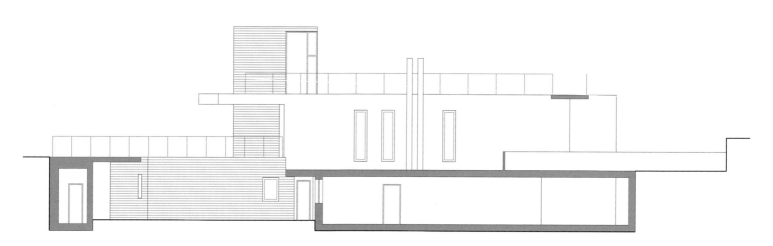

■ Prospetto Nord-Ovest - Scala 1:200
North-West Elevation - Scale 1:200

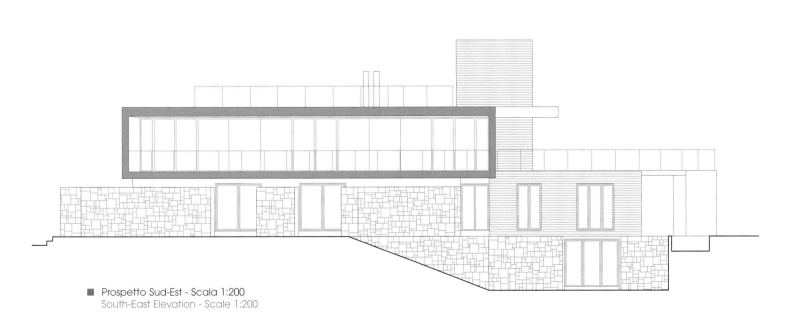

■ Prospetto Sud-Est - Scala 1:200
South-East Elevation - Scale 1:200

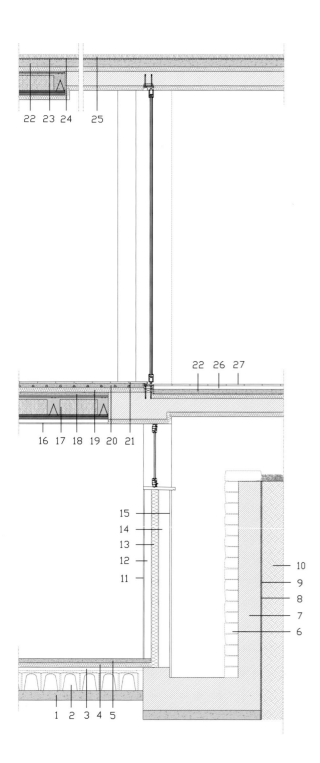

**DETTAGLIO: SISTEMA COSTRUTTIVO
SCALA 1:40**

1- Magrone
2- Casseri modulari plastici
3- Cappa di completamento
4- Strato isolante
5- Pavimentazione in cemento lisciato
6- Rivestimento in pietra
7- Struttura in c.a.
8- Impermeabilizzazione
9- Strato antiradice
10- Terra vegetale
11- Intonaco interno
12- Muratura (s = 8 cm)
13- Strato isolante

14- Muratura (s = 12 cm)
15- Intonaco esterno
16- Controsoffitto
17- Solaio alleggerito con
    blocchi in polistirene
18- Massetto di posa
19- Strato isolante
20- Massetto di posa con
    riscaldamento radiante
21- Pavimentazione in parquet
22- Massetto per le pendenze
23- Doppia guaina impermeabilizzante
24- Tessuto non tessuto
25- Ghiaia
26- Magatelli in legno
27- Tavolato in legno

**DETAIL: CONSTRUCTION SYSTEM
SCALE 1:40**

1- Lean concrete
2- Modular plastic formwork
3- Screed
4- Insulation layer
5- Smoothed concrete flooring
6- Stone cladding
7- Reinforced concrete structure
8- Waterproofing
9- Root barrier
10- Top soil
11- Interior plaster
12- 3 1/8" (80 mm) thick masonry
13- Insulation layer

14- 4 3/4" (120 mm) thick masonry
15- Exterior plaster
16- False ceiling
17- Slab with polystyrene
    void formers
18- Screed
19- Insulation layer
20- Screed embedding radiant
    panel heating
21- Parquet flooring
22- Screed forming slope
23- Double waterproofing sheath
24- Synthetic membrane
25- Gravel
26- Timber battens
27- Timber board

CREDITS

Location: Bergeggi, Province of Savona
Client: Private
Completion: 2011
Gross Floor Area: 180 m²
Architect: Marco Ciarlo Associati
Contractor: Edilcantieri

Consultants
Structural: Sergio Fenoglio
Plant: Alberto Pera

Photo by Alberto Piovano
Courtesy Marco Ciarlo Associati

Architettura di monumentalità funzionale ed urbana: Teatro Polivalente a Montalto di Castro

Un monumento d'architettura urbana, con la funzione dichiarata di proporre molteplicità di significato e di attività: il progetto dello studio MDU Architetti per il Nuovo Teatro Polivalente a Montalto di Castro, in provincia di Viterbo, formula propositi per la costituzione di un luogo in cui sia pienamente percepita la "magia del teatro" - ampliando il concetto a forme artistiche performative ed aggreganti - insieme a propositi d'orientamento architettonico in un ambito di riqualificazione urbana, su un terreno d'attività dismesse. I progettisti si richiamano al territorio di Montalto come un luogo in cui si esprimono polarità rilevanti, che oltrepassano le partizioni temporali: la storicità etrusca nelle vestigia del basamento in blocchi di pietra tufacea del Tempio Grande nell'area archeologica di Vulci e nello stesso tempo l'esercizio di una possente centrale elettrica, un aspetto della nostra epoca. Se il richiamo costituisce una formulazione per agglutinare nel Nuovo Teatro Polivalente la molteplicità programmatica, l'architettura realizzata introduce riflessioni di notevole rilevanza sul terreno dell'architettura come rappresentazione: il monumento urbano si denota con una veste che coniuga valori riconoscibili attraverso forma, proporzioni, economicità, funzionalità. L'edificio si erge su un basamento-piazza, per l'aggregazione e la

Urban and Functional Monumental Architecture: Multi-Purpose Theatre in Montalto di Castro

This urban architecture monument is avowedly about multiple meanings and activities. Designed by MDU Architetti, this new multi-purpose theatre in Montalto di Castro (Viterbo province) offers varying ways of experiencing the "magic of the theatre ", even broadening this concept to the performing arts and art gatherings. It will also provide the dominant architectural force as part of an urban regeneration plan for an old industrial site. The architects have drawn inspiration from the local area, a placed filled with interesting polarities that extend across the barriers of time. For example, at the nearby Vulci archaeology site, one finds Etruscan history in the remnants of the tuff base of the Great Temple, but one can also see the imposing power station, which is very much from the modern age. The allusion to the past offers a way to bring together the numerous different types of productions planned for the theatre's playbill, while the actual built structure poses some far-reaching questions about the performance provided by architecture in an area. In other words, this urban monument manifests itself in a way that combines clearly identifiable values through form, proportions, cost-effectiveness and functionality. The building stands on a base that also acts like a piazza, encouraging people to gather and wander around this monument, sharing in

■ Pianta Piano Terra - Fuori Scala
Ground Floor Plan - Not to Scale

■ Sezione - Fuori Scala

circolazione delle persone attorno al monumento moderno, partecipando del suo fascino; il volume dichiara un asse longitudinale evidente, che conduce ad una identificazione degli spazi interni secondo un asse fisico e visivo, i cui termini di delimitazione divengono trasparenti. Il teatro, allora, si apre ad una permeabilità visiva potenziale, che viene sottaciuta nel momento dello spettacolo, quando le tende isolano la sala. Il fronte d'accesso e il fronte posteriore propongono vetrate a diversa dimensione, con l'intento di far confluire l'esterno - il basamento antistante e lo spazio posteriore con i radi alberi, uno sfondo di notevole rilevanza, e il dimesso intorno urbano - nel vivo del teatro, legando le relazioni in modo biunivoco. Lo spazio interno fluisce continuo, il foyer - con pavimentazione in cemento - è contraddistinto dalla presenza di volumi tecnicamente necessari, la biglietteria, i servizi igienici, gli uffici e la zona ristoro; nel foyer i volumi posizionati in obliquo rappresentano l'invito ad introdursi nella sala, seguendone la direzione e seguendo la continuità delle lamelle di legno sovrapposte alle pareti, su cui si legge un andamento a linea spezzata. Foyer e sala da 400 posti sono separati soltanto dalla immaterialità della luce che proviene da un taglio vetrato nel volume del teatro, lungo il quale scorrono le tende per isolare, quando serve, il momento dello spettacolo e dell'azione scenica in corso. All'esterno, il blocco volumetrico mostra di assecondare l'idea di un meccanismo di concentrazione progressiva verso la fluidità degli spazi interni, in cui si muovono dinamicamente linee materiche e visive verso il palcoscenico e verso lo sfondato trasparente della parete nord, combinando insieme punti focali e dispersione visiva. Il fronte d'accesso, anch'esso orientato

its beauty. The volume has a clear longitudinal axis that creates both the physical and visual axis for the internal spaces, rendering the borders transparent. This means one can practically see-through the theatre, although curtains are drawn for performances to enclose the space. The use of glass - in varying sizes - on both the front entrance and the rear façade manages to draw the exterior into the theatre. The extended base, the rear zone dotted with trees - a highly significant backdrop - and the abandoned surrounding area converge at the heart of theatre, pairing inside with outside. The interior is characterised by uninterrupted flow. The lobby - with a concrete floor - has all the necessary structures, including a ticket office, toilets, offices and a small bar. The lobby and the 400-seater hall are only separated by the light that filters in through a glass section that cuts into the main volume of the theatre. It is here that, when needed, the curtains can be drawn to allow the action to get underway. From the outside, the structure picks up on the idea of gradual concentration towards the fluid interior, where both the material and visual lines flow dynamically towards the stage and the transparent backdrop of the northern wall, thus combining focal points and visual dispersion. The entrance façade - another feature that guides one in a specific direction - is clearly marked by a diagonal side wall and the prominent overhanging celling. The effect is to create both a space for waiting and a place for observing the interior, almost making an external lobby that functions as an ante-chamber for the theatre itself. The elongated size and longitudinal shape of the volume are highlighted by the horizontal bands of exposed concrete visible in the body of the building, effectively

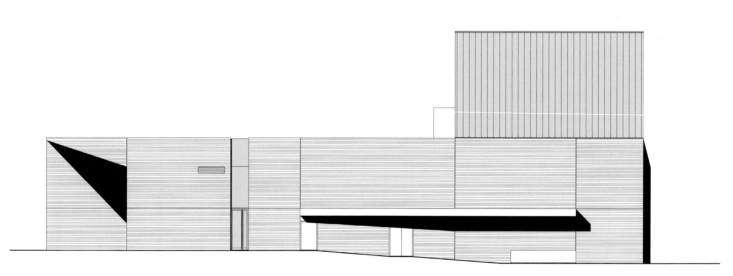

■ Prospetto Ovest - Scala 1:300
West Elevation - Scale 1:300

come una direzionalità pressante, si configura con l'assetto in obliquo della parete laterale e con il forte aggetto della soletta di copertura, per definire uno spazio di attesa e di osservazione verso l'interno, come in una sorta di foyer esterno in cui ci si predispone all'entrata nello spazio teatrale. La dimensione allungata, longitudinale del volume è marcata dall'orditura per fasce orizzontali del cemento a vista che si evidenziano nel corpo edilizio come strisce materiche grezze a differenti tonalità. Il taglio vetrato e le interruzioni nella parete ovest per le strette ed alte finestre che portano luce agli uffici interni sono varianti che spezzano la continuità della tessitura nella parete in cemento a vista. A nord, il volume della torre scenica emerge imponente sul corpo edilizio. Rivestita da un involucro esterno in policarbonato alveolare sulla struttura in cemento, la torre scenica appare mutevole: si sfrangia evanescente verso il cielo alla luce diurna, si evidenzia vibrante di luce, quando è operante l'illuminazione artificiale, segnale territoriale di riferimento.

forming rough material stripes in different hues. The glazed interruption and the breaks in the western side for the tall, slender windows that provide light for the internal offices are a variation that disrupts the continuity of the exposed cement wall. On the northern side, the stage tower rises imposingly over the body of the building. Alveolar polycarbonate is used to clad the concrete structures, giving the stage tower an ever changing appearance. In the day, it seems almost to fade into the sky, while at night, when the artificial lights are turned on, it comes alive, providing a landmark for the area.

■ Prospetto Est - Scala 1:300
East Elevation - Scale 1:300

**DETTAGLIO: SISTEMA COSTRUTTIVO
FUORI SCALA**

1- Manto di copertura: guaina
impermeabilizzante sp. 4 mm
massetto delle pendenze (2%)
in cls cellulare alleggerito
2- Solaio in lastre prefabbricate
in cls armato
3- Pannello di rivestimento in listelli di
legno massello 30x25 mm in essenza
di Larice con trattamento resistenza
al fuoco classe 1
4- Parete sala: vedi tavola Ad 21
5- Pavimento sala: cls industriale
a pastina sp. 15 cm con
cemento tipo 32,5 a 350 kg
rete Ø 6/20x20"
6- Cls armato faccia a vista sp. 28 cm
con pittura idrorepellente ai silicati

**DETAIL: CONSTRUCTION SYSTEM
NOT TO SCALE**

1- Roof: 1/8" (4 mm) thick
waterproofing sheath, lightweight
cellular concrete on 2% slope
2- Slab in pre-cast reinforced
concrete sheets
3- Boarding in 1 1/4 x 1" (30x25 mm)
solid larch battens treated
with Class 1 fire retardant
4- Interior wall: see Table Ad 21
5- Floor: 5 7/8" (150 mm) thick industrial
concrete topping with 32.5 cement,
Ø 2 3/8" (60 mm) reinforcing
bar at 7 7/8" (200 mm) centres
6- 11" (280 mm) fair-faced reinforced
concrete painted with
silicone-based water-repellent paint

CREDITS

Location: Montalto di Castro, Province of Viterbo
Client: Comune di Montalto di Castro
Completion: 2011
Gross Floor Area: 1220 m²
Cost of Construction: 2.400.000 Euros
Architect: mdu architetti - Alessandro Corradini,
Valerio Barberis, Marcello Marchesini, Cristiano Cosi
Collaborators: Nicola Becagli, Michele Fiesoli
Works Management: Alessandro Corradini
**Security Management for Design
and Construction Phases:** Bettina Gori
Contractor: Mar.Edil.

Consultants
Structural: Alberto Antonelli, Iacopo Ceramelli
Mechanical and Electrical Installations: Federico Boragine
Acoustics: Gianluca Zoppi
Stage Design: Roberto Cosi
Costing: Antonio Silvestri

Suppliers
Lighting: Zumtobel
Aluminium Window Frames: Metra

Photo by Pietro Savorelli
Courtesy MDU Architetti

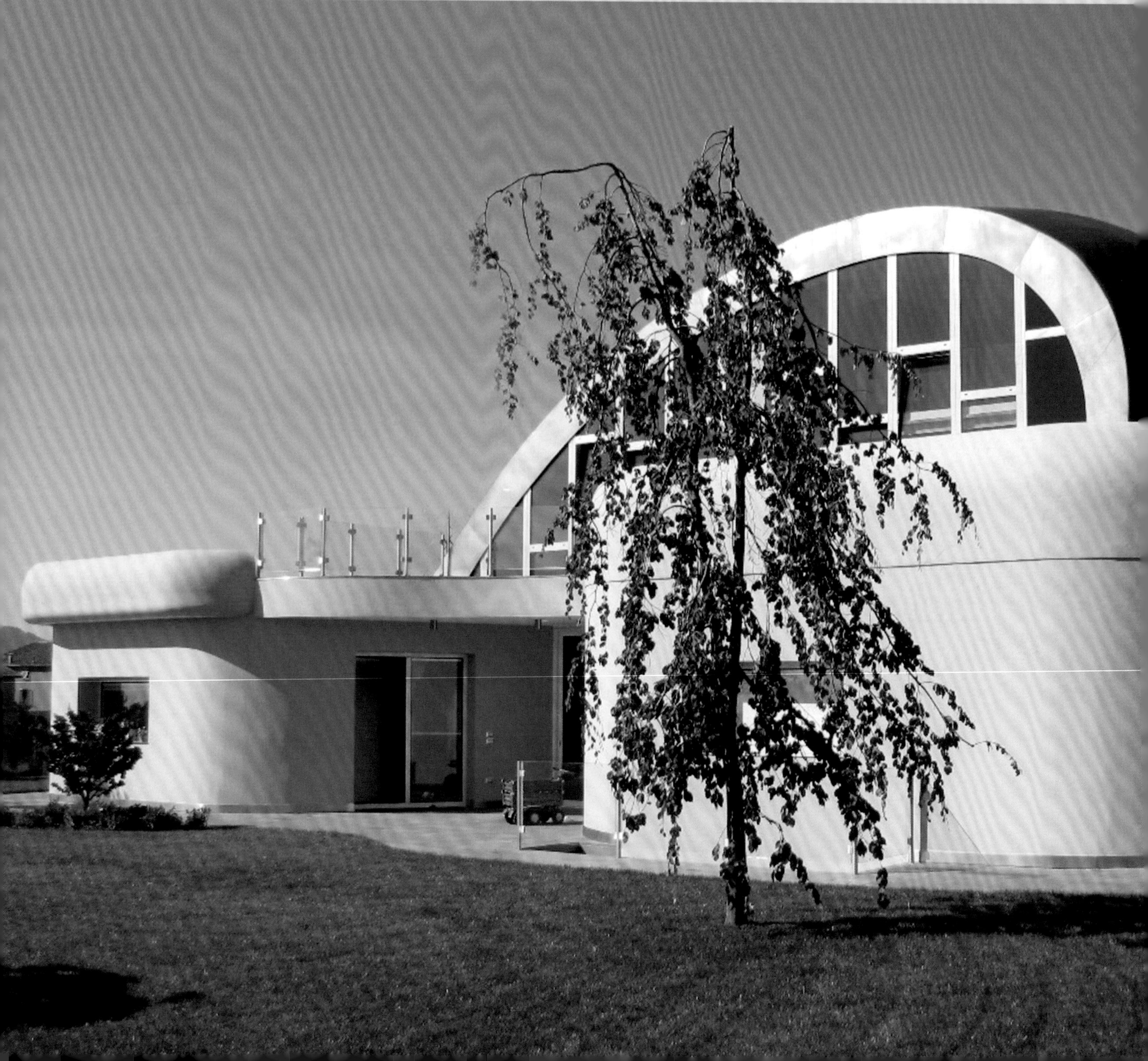

Abitare l'architettura a Schio

In una zona periferica di Schio, in una condizione urbana con caratteri d'ordinarietà, il riferimento paesaggistico si allunga fino alle dolci forme del rilievo collinare all'orizzonte. Il progetto di Diego Peruzzo e Loris Preto indaga correlazioni: l'intento è di formulare un'architettura riconoscibile, in una visione di sostenibilità ed attenzione alle componenti della natura che conducono alla formalizzazione degli spazi abitativi. Componenti della natura: i materiali si situano fra tradizione e intenti di rinnovo nella correlazione di cemento armato, blocchi di laterizio, legno, vetro, infissi metallici, pannelli in sughero per la coibentazione di murature e pilastri perimetrali. Alle fonti energetiche che provengono dalla natura, fra la profondità della terra e il sole, è affidato il compito della sostenibilità energetica dell'edificio, utilizzando a fondo le potenzialità dell'impianto geotermico per riscaldare/raffrescare e dei pannelli fotovoltaici, dislocati sulla terrazza rivolta a sud. Le linee del paesaggio collinare divengono generale termine di contestualizzazione, relazione con la quale l'abitazione si confronta. L'architettura si definisce attraverso la compenetrazione di volumi che generano spazi suddivisi nelle piante fra struttura libera e rigidità geometrica ortogonale, assecondando indicazioni funzionali e proponendo scorci prospettici, all'interno stesso della residenza e verso l'esterno. Nell'edificio, con struttura a travi e pilastri e solai in latero-cemento, si distinguono differenti corpi. La base è costituita da due volumi, affacciati verso sud e nord,

Architecture to Live in Schio

The outskirts of Schio are rather mundane, with the clearest landmarks the rolling hills some distance off. Diego Peruzzo and Loris Preto set out to explore correlations, creating a recognisable building that is both sustainable and attentive to the surrounds that ultimately define the interior.

The choice of materials seeks a middle ground between tradition and the desire to renew, combining and contrasting reinforced concrete, bricks, wood, glass, metal frames, cork panels for insulation and perimeter pillars. The energy sustainability of the building relies on the depths of the earth and the sun, with geothermal power drawn from underground to heat or cool the structure and a set of photovoltaic panels placed slightly apart on the south-facing terrace. The hilly landscape is echoed in the architecture, building a dialogue with the context.

The diversity of the volumes divides the space between free structures and sharp right angles that not only provide solutions to functional requirements, but also produce both internal views and glimpses of the outside.

The bearing structure uses pillars and girders filled in with masonry and slabs to create distinct sections. A north and a south facing volume form the base, interlocking along the central east-west axis. In this space, the metallic staircase with a glazed parapet helps create the directionality that draws one's gaze from the entrance towards the garden. The stairs are also a ground-floor barrier separating the open-plan living areas from the more private

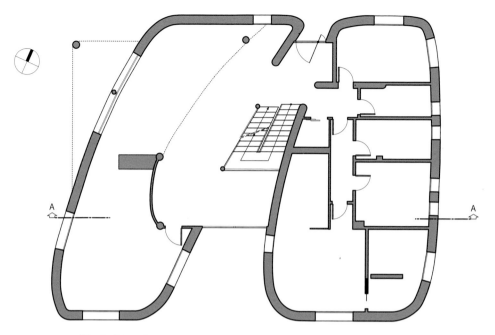

■ Pianta Piano Terra - Scala 1:200
Ground Floor Plan - Scale 1:200

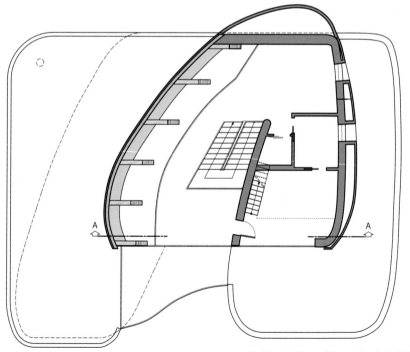

■ Pianta Piano Primo - Scala 1:200
1ST Floor Plan - Scale 1:200

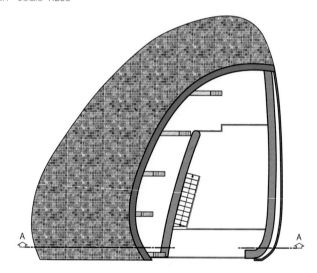

■ Pianta Piano Secondo - Scala 1:200
2ND Floor Plan - Scale 1:200

che si collegano e si incernierano sull'asse centrale est-ovest: in questo spazio si pongono le rampe della scala, con struttura metallica e parapetti vetrati, a sottolineare la direzione che procede dall'ingresso alla visuale verso l'esterno. La scala diviene fulcro ed elemento di suddivisione per gli ambienti al piano terreno, fra l'impianto libero degli spazi per il soggiorno e una zona più riservata. Un volume, appariscente e geometricamente multiforme, si incista come una goccia discendente sul corpo edilizio del piano terreno e nello stesso tempo si erge come una conchiglia rilucente: le forme arrotondate a curva continua, in un vago richiamo alla morfologia collinare, l'ambivalente configurazione fra opacità e trasparenza ne costituiscono aspetti di rilievo, il coronamento distintivo dell'architettura. Il rivestimento in mosaico dell'involucro per le parti opache si oppone alla vetrata a tutt'altezza sul prospetto est, che seziona bruscamente il volume e fornisce ampiezza di veduta e luminosità: il volume dalle altezze interne variabili diviene evidente come un'antica cupola ed accoglie gli spazi a pianta libera del primo piano e del soppalco collegato da una stretta scala, a seguire la linea curva d'intradosso in sommità. All'interno, si aprono tagli e spazi a doppia altezza, con balconate a parapetto in vetro che consentono d'incrociare visuali sulla verticale, in uno spazio in cui si costruiscono gli effetti plastici della luce naturale proveniente da più direzioni, laterali e dall'alto; la balconata del soppalco si avvicina all'involucro, innervato dalle possenti travi in legno chiaro, che lo contrassegnano con forza. Volontà espressiva, rafforzata nella ricerca di aulici riferimenti, coniugazione di geometrie curvilinee e di nettezza radicale, desiderio di introdurre un edificio per contraddistinguere il paesaggio urbano, un contributo a determinare sensibilità ed attenzione: forme d'architettura per abitare.

bedroom zone. This highly visible and diverse building manages to resemble both a drop falling onto the ground floor and a rising, glistening shell. This duality, echoed in the use of transparency and opacity, has hints of the hills in the distance through the continuous curved forms. These elements make this the dominant and most distinctive architectural element.

The mosaic pattern on the opaque sections creates a stark contrast with the full-length glazed eastern façade that forms a sharp break in the volume and brings luminosity and visual depth. The varied height of the interior recalls a cupola, defining the spaces for the open-plan ground floor and the mezzanine level accessible via a narrow flight of stairs, following the intrados to the top of the structure. Inside, recesses and double-height spaces, with a balcony protected by glazed parapets, offer intersecting vertical views, while the natural light, from both above and the sides, produces intriguing plastic effects. The balcony on the mezzanine level is characterised by the proximity of large, light-coloured wooden beams.

In its quest to be expressive, this house not only alludes to elevated forms of expression, but also intermingles curved lines with radical sharpness. It is very much about creating an urban landmark and capturing attention using architectural forms that one can live in.

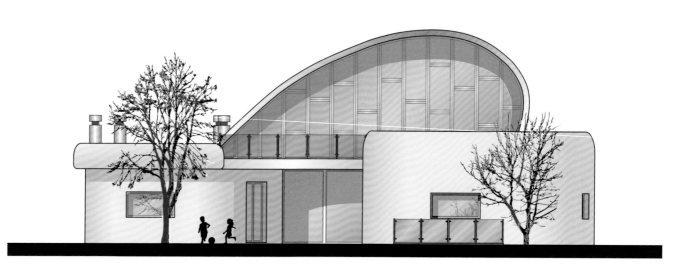

■ Prospetto Est - Scala 1:150
East Elevation - Scale 1:150

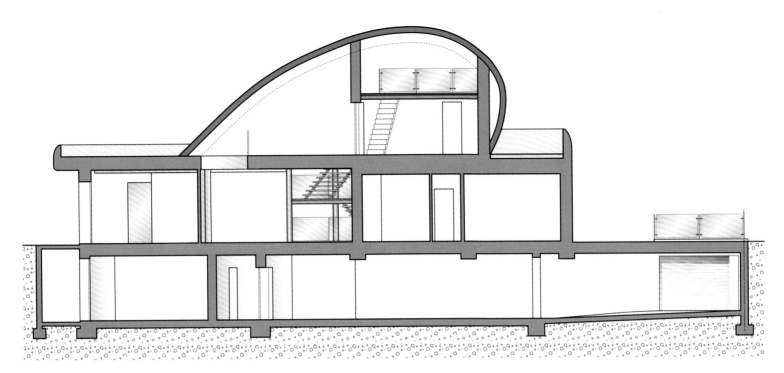

■ Sezione AA - Scala 1:150
AA Section - Scale 1:150

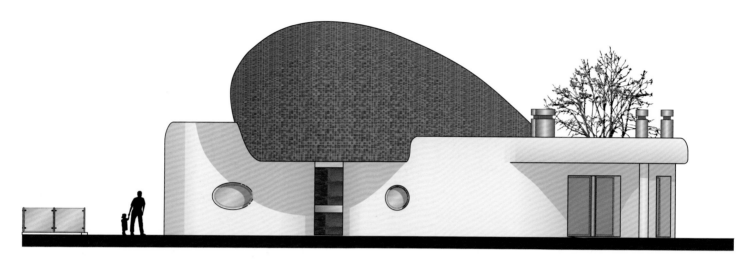

■ Prospetto Ovest - Scala 1:150
West Elevation - Scale 1:150

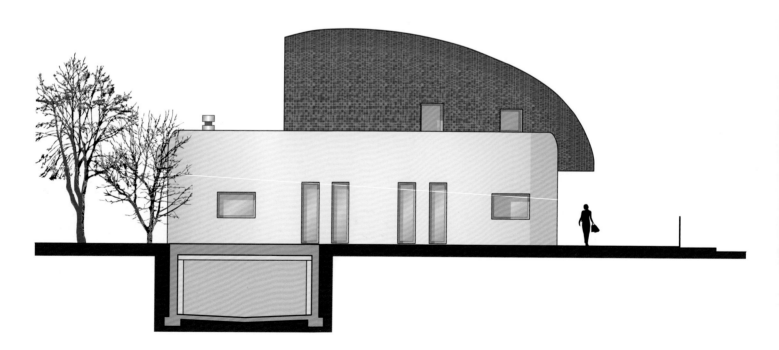

■ Prospetto Nord - Scala 1:150
North Elevation - Scale 1:150

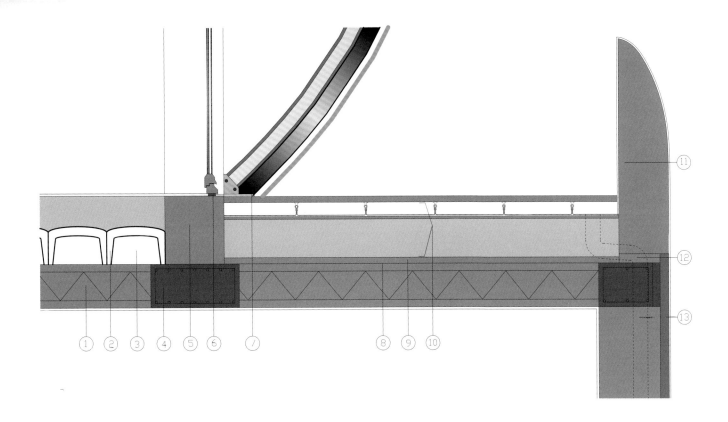

DETTAGLIO: TERRAZZO
SCALA 1:25

1- Solaio in latero-cemento
   sp. 29 cm e 1,5 cm di intonaco
2- Moduli Format h 25 cm
3- Sottofondo in foacem
4- Trave a T 23-2
5- Blocchi in laterizio Silma sp. 39 cm
6- Pannello in sughero per taglio termico
   sp. 3 cm larghezza 4 cm
7- Soglia o pavimentazione esterna
8- Guaina impermeabilizzante
9- Pannello isolante Styrodur C 3035
   spessore 4 cm realizzato
   da ditta esterna
10- Pacchetto terrazzo realizzato da
    ditta esterna
11- Parapetto in calcestruzzo gettato
    entro sagome in opera
12- Schöck isokorb typ A-A1 larghezza
    uguale al basamento del parapetto
13- Pluviale in Geberit ø 10 cm
    posto all'interno della muratura

DETAIL: TERRACE
SCALE 1:25

1- 11 3/8" (290 mm) concrete and
   masonry slab, 5/8" (15 mm) render
2- 9 3/8" (250 mm) h Format modules
3- Foacem screed
4- 23-2 T-beam
5- 15 3/8" (390 mm) thick Silma
   masonry blocks
6- 1 1/4 x 1 5/8" (30x40 mm)
   cork panel thermal insulation
7- Threshold
8- Waterproofing sheathing
9- 1 5/8" (40 mm) thick Styrodur C 3035
   board insulation
   (constructed by third party)
10- Terrace (constructed by third party)
11- Concrete parapet form-cast on site
12- Schock Isokorb typ A-A1,
    width equal to base of parapet
13- Ø 4" (100 mm) Geberit
    downpipe in wall

CREDITS

Location: Schio, Province of Vicenza
Client: Private
Completion: 2011
Gross Floor Area: 250 m²
Architects: Diego Peruzzo and Loris Preto
Contractor: Impresa Edile Costruzioni Buzzaccaro

Suppliers
Bricks: Fornace Silma
Render: MGN
Insulation: Röfix
Mosaics: Bisazza
Entrance Door: Oikos Venezia
Interior Door Frames: Niamé Glass Doors
Exterior Door and Window Frames: Schüco International Italia
Seals: Mapei

Photo by Loris Preto
Courtesy Diego Peruzzo, Loris Preto

Geometrie d'eleganza: Villa ad Augusta

Un'atmosfera di razionalità, in cui si riconoscono l'esplicita ricerca d'eleganza e l'intento poetico dell'architettura: la villa unifamiliare nella campagna limitrofa alla città di Augusta (provincia di Siracusa) si situa in un vasto terreno libero, in prossimità del collegamento stradale fra la città e il mare. Il progetto di Ada Mangano esprime raffinatezza nel processo compositivo, configurando una residenza su due livelli di piano, con una superficie complessiva di 120 metri quadrati, un parallelepipedo in cui l'ordine geometrico del volume vive di intersezioni e variazioni. La razionalità progettuale disegna spazi interni che oltrepassano la reale consistenza delle dimensioni, in relazione alla rilevante chiarezza esperita nella composizione della pianta: la separazione funzionale fra gli ambienti di soggiorno a piano terreno, dilatati sull'asse longitudinale sudest-nordovest, e la zona notte al piano superiore introduce diversificazioni: gli ambienti al piano terreno si caratterizzano per accenti e ritmi che dinamizzano gli spazi con brevi scatti di materia, colori, aperture. Tramezzi murari profondi articolano gli spazi di soggiorno e ne differenziano le valenze funzionali, le qualità di parziale riservatezza o di comune riunione. L'articolazione che ne deriva non interferisce totalmente con una visione passante, tanto che la luce fluisce e scorre negli ambienti dall'alto e dalle vetrate laterali che si concentrano nello spazio di vivibilità fra pranzo e cucina; il procedimento di composizione pone qualche limite parziale alla continuità degli spazi, li suddivide anche in modo percettivo,

The Geometry of Elegance: a Villa in Augusta

The rational atmosphere reveals the explicit quest for elegance and the poetic side of architecture. These words could describe this detached house in the Sicilian countryside near Augusta, located on a sizeable plot off the road running from the town to the sea. Ada Mangano's creativity is clearly touched by elegance, producing a two-storey house (120 m² total floor area) with parallelepiped brought to life through intersections and variations in the volumes.

The strong sense of rationalism is key to moving beyond the relatively small spaces, exploiting the very precise layout of the house. The separation between the ground-floor living spaces running along a southeast-northwest axis and the upper floor sleeping areas is evident and functional. The use of different materials, colours and openings characterise the ground floor, foregrounding certain parts. Thick partition walls divide up the living area, shaping the space and creating zones with either a touch of privacy or a clear social function. The resultant articulation does not overly impact on the fluidity of vision, especially as light floods in from both above and the sides through the windows that are, for the most part, located in the living area between the kitchen and the dining room. It does, though, prevent an undefined flow of spaces, offering clear divisions and helping create a progressive interweave of relationships between elements.

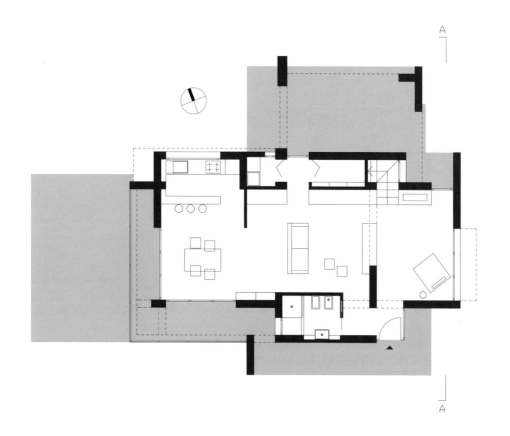

■ Pianta Piano Terra - Scala 1:150
Ground Floor Plan - Scale 1:150

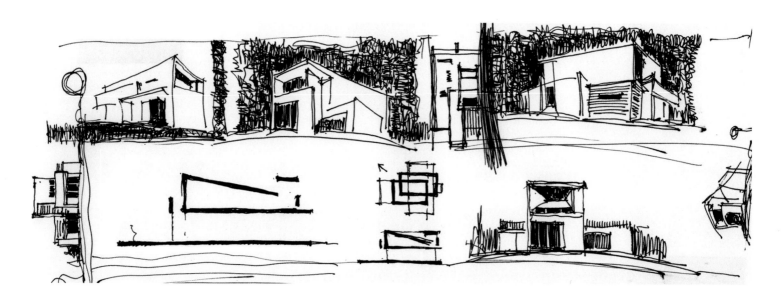

valorizza indicazioni d'intreccio progressivo nelle relazioni. Le coloriture per gli interni distillano differenze tonali e propongono accenti: le pareti si polarizzano fra intonaci bianchi e grigio scuro, le pavimentazioni in resina mediano con un color grigio chiaro, e si apre l'accento sulla pavimentazione della scala in rosso. Nella pianta si sottolinea un'intersezione trasversale, disassata, fra l'ingresso e l'imbocco della scala, anche in virtù dell'evidenza nell'accento rosso, lasciando intatta la progressiva possibilità di scoprire altre direzioni, altri spazi, guidati dalla luce naturale, trascorrendo nello spazio di conversazione dotato di camino. Le correlazioni con l'esterno si amplificano: le vetrate inquadrano scorci di campagna alberata; un duplice passaggio conduce alla veranda che si apre a piano terreno sul fronte nordest, confinata parzialmente da setti laterali intonacati in bianco e grigio scuro e protetta dal terrazzo al piano superiore; allo stesso livello un secondo terrazzo si distende sul fronte opposto, al di sopra dell'ingresso. L'assetto volumetrico della villa narra di contrapposizioni, di intrecci e di incastri, di slittamenti che innervano la composizione, fondata su una misura equilibrata dell'espressività e sul controllo della forma: la villa definisce un perimetro condensato che si stringe sull'intensità della qualità abitativa, per spazi e per relazioni. Il parallelepipedo di base si frattura e si ricompone, attraverso le articolazioni evidenti (i setti murari, l'espansione delle terrazze, la forte presenza di una trabeazione in grigio scuro che si staglia su frazioni di prospetto con molteplice connotazione: valorizzazione percettiva dei volumi, parapetto, frangisole) e le sezioni segrete (il piccolo terrazzo pertinente alla stanza da letto minore al primo piano, la copertura inclinata che diviene riservato solarium), i tagli nelle pareti e gli scorci compressi o dilatati verso la campagna, verso il cielo dai setti che nel rigore geometrico della composizione configurano variazioni, accenti, ad indurre immagini di luce e poesia.

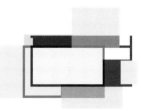

Different hues and highlights characterise the interior use of colour. The walls are polarised between white and dark grey, while the resin-coated flooring is light grey, producing a nice dulling effect to emphasise the red stairs. The layout has a cross-cutting intersection, not along an axis but between the entrance and the bottom of the stairs, an effect foregrounded by the colour of the stairs. Yet, this is not to the detriment of exploring other directions in the house and the natural light draws one into the "conversation area" decorated with a fire place. The links to the outside are amplified with French windows framing views of the leafy countryside. Two doors lead onto the ground-floor veranda running off the north-western front that is partially bordered by white and dark grey lateral partitions. The balcony above provides this space with a degree of protection and there is also a terrace, but this is on the other side, above the entrance.

The use of volumes is about opposition, interlacing and interlocking. The consequence is often slight overlaps between components, but this is always done through the controlled use of form and an overall balance in expression. The house is relatively small, focusing on the quality of life in this building through the use of spaces and relationships. The basic parallelepiped structure is broken down and reassembled through the joint sections (dividing walls, terrace, veranda and the dominant dark-grey vertical and horizontal bands that bring visual depth, reduce glare and more), the secret sections (the small balcony for the smaller bedroom, the sloping section of roof that creates a private sunbathing area), the recesses and the narrow and wide openings onto the countryside and the sky. It is the latter elements, amid the rigorous lines of the structure, that provide highlights and variations, bringing a sense of light and poetry.

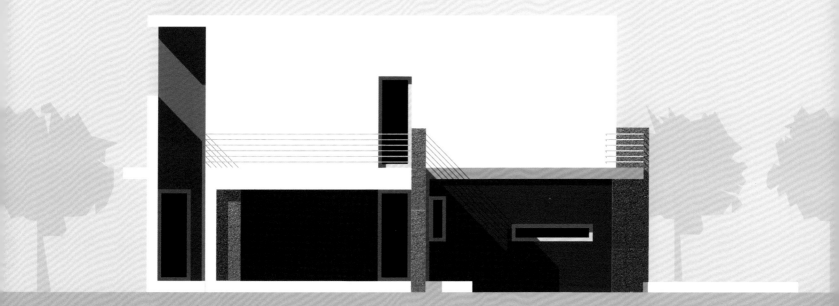

■ Sezione AA - Scala 1:100
AA Section - Scale 1:100

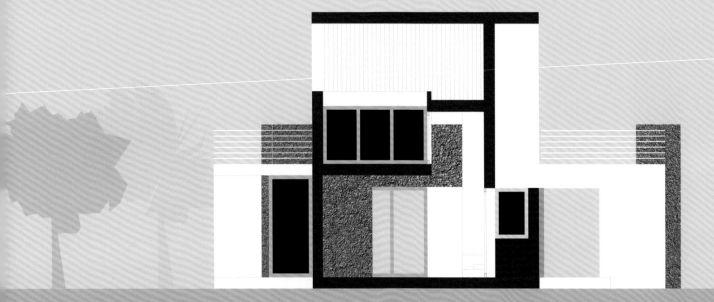

CREDITS

Location: Augusta, Province of Siracusa
Client: Private
Completion: 2007
Gross Floor Area: 120 m^2
Architect: Ada Mangano
Works Management: Fabio La Rocca
Contractor: SD project

Consultant
Structural: Bruno Zagami

Suppliers
Resin Flooring: Prochima
Interior Finishes: Metroquadro di Corrada & Franco Montoneri
Door and Window Frames: Emall

Photo by Salvatore Gozzo
Courtesy Ada Mangano

ATELIERMAP

Lo studio svolge attività di ricerca e di progettazione in ambito pubblico e privato. Numerosi lavori sono stati esposti in rassegne nazionali e pubblicati su riviste italiane e straniere.
Gianfranco Gianfriddo, Catania 1964, laurea in Architettura, Roma 1994.
Luigi Pellegrino, Monte S. Angelo 1963, laurea in Architettura, Firenze 1990.
Francesco Cacciatore, Vibo Valentia 1975, laurea in Architettura, Reggio Calabria 2001.

Architectural programmes in public and private sector. Numerous projects have been featured in exhibitions in Italy and published in national and international reviews.
Gianfranco Gianfriddo: Born Catania 1964, architecture graduate of Rome University 1994.
Luigi Pellegrino: Born Monte S. Angelo in 1963, architecture graduate of Florence University in 1990.
Francesco Cacciatore: Born Vibo Valentia 1975, architecture graduate of Reggio Calabria University in 2001.

ALVISI KIRIMOTO + PARTNERS

Massimo Alvisi e Junko Kirimoto fondano nel 2003 lo studio di architettura Alvisi Kirimoto + Partners, dopo l'esperienza compiuta con lo studio Alvisi Kirimoto Design (2000) e le collaborazioni con gli studi di Renzo Piano, Massimiliano Fuksas e Oscar Niemeyer. Nel 2008 lo studio si trasforma in società di ingegneria, cui si associano Alessandra Spiezia e Arabella Rocca. Alvisi Kirimoto + Partners si occupa di progettazione e ingegnerizzazione architettonica, studi di fattibilità e project management per lavori propri e per altri architetti, fra i quali Rem Koolhaas e Renzo Piano.

Massimo Alvisi and Junko Kirimoto set up Alvisi Kirimoto + Partners in 2003, the studio growing out of their earlier firm, (Alvisi Kirimoto Design, 2000), and their work with the studios of Renzo Piano, Massimiliano Fuksas and Oscar Niemeyer. In 2008 they were joined by Alessandra Spiezia and Arabella Rocca and the firm reformed as an engineering company. Now with a team of twelve professionals, Alvisi Kirimoto + Partners is involved in architectural design and engineering, feasibility studies, and project management - both for their own projects and those of other architects, including Rem Koolhaas and Renzo Piano.

ARKPABI

Lo studio, con sede a Cremona, nasce dalla volontà di fondere personalità e creatività diverse e complementari, si occupa prevalentemente di architettura e indaga tutte le possibili sfaccettature della disciplina, realizzando edifici per il terziario, architettura dell'ospitalità, architettura per l'industria, ma soprattutto per la residenza, sia per committenti pubblici sia privati. Nel 2004, lo studio Arkpabi Giorgio Palù & Michele Bianchi architetti apre anche una propria sede a Milano. Dalla necessità e volontà di realizzare "progetti totali" lo studio inizia ad occuparsi con continuità di design, cercando risposte ad esigenze specifiche.

Established to bring together people with a range of different and complementary creative skills, this Cremona-based studio mainly works in the area of architecture, exploring all the different facets of this discipline. It designs buildings for the services, hospitality and manufacturing sectors, but is primarily involved in residential architecture for both public and private clients. In 2004, the firm also opened an office in Milan. Motivated by a need and desire to produce 'total designs', the studio explores design continuity as a part of finding solutions to specific needs.

BARRECA & LA VARRA

Gianandrea Barreca e Giovanni La Varra, soci fondatori nel 1999 di Boeri Studio, nel 2008 fondano a Milano Barreca & La Varra. In questi anni sviluppano progetti importanti quali il Centro Europeo per la Ricerca Biomedica Avanzata (MI) per conto della Fondazione CERBA e gli uffici RSA - Royal Sun Alliance (GE). Contemporaneamente seguono lo sviluppo della fase esecutiva e costruttiva di progetti sviluppati come Boeri Studio, quali il Bosco Verticale per Hines (MI), La Villa - Centre Régionale de la Méditerranée a Marsiglia per la regione francese PACA e il rinnovo del Policlinico di Milano.

The Barreca & La Varra architecture practice was formed in 2008, in Milan, by Gianandrea Barreca and Giovanni La Varra, who had also been founding partners of Boeri Studio in 1999. Over the years, the urban and architectonic planning done by these two architects for major Italian and foreign groups has brought them both national and international recognition. The firm is renowned for using the latest construction technologies, especially the application of these in our changing contemporary society and their incorporation in the complex array of economic, social and institutional processes underlying, in today's world, the creation of cities, areas and environments.

CAMERANA & PARTNERS

Benedetto Camerana (Torino 1963), architetto, paesaggista, dottore di ricerca in Storia dell'Architettura e dell'Urbanistica. Si dedica all'integrazione fra architettura e paesaggio, verso la costituzione di una "green architecture" a chiara matrice ambientale. Dal 1999 è nel Comitato Scientifico dello IED - Istituto Europeo di Design. Dal 2010 è professore a contratto presso il Politecnico di Torino. Nel 1997 avvia a Torino Camerana&Partners. La ricerca progettuale si incentra sull'innovazione tecnica e formale, con l'apporto anche sperimentale di tecnologie innovative e sistemi naturali di risparmio d'energia.

Benedetto Camerana (born 1963 in Turin) is an architect and landscape architect with a PhD in the history of architecture and town planning. After completing his tertiary studies, he continued investigating the integration of architecture and landscape, with an eye to the development of a "green architecture". In 2010 he was appointed as professor at the Architectural Design Laboratory of Politecnico di Torino. In 1997, he established Camerana & Partners in Turin. In his work, Camerana focuses on technical and formal innovation, including through the integration of innovative technologies and natural energy saving systems.

FILIPPO CAPRIOGLIO - CAPRIOGLIO ASSOCIATI

La Caprioglio Associati Studio di Architettura viene fondata nel 1999 dall'unificazione degli studi dell'architetto Giovanni Caprioglio che, con il figlio Filippo, dà corso ad una nuova realtà professionale legata non più solamente al territorio nazionale, ma anche ad esperienze internazionali e all'industrial design. Dai grandi complessi pubblici all'edilizia privata, il lavoro della Caprioglio Associati ha fissato, nel suo percorso temporale, episodi che hanno qualificato il territorio di appartenenza e arricchito la ricerca tecnica e formale, promuovendo i valori della cultura progettuale più avanzata.

Caprifoglio Associati was founded in 1998, pooling the Venetia and Friuli practices of architect Giovanni Caprioglio and branching out, with his son Filippo, into new professional areas involving international contacts, projects for private buildings and large public complexes, as well as extending to industrial design. Caprioglio Associati's designs have, over the years, enriched their settings and contributed to the technical and formal research that typifies cutting-edge contemporary architecture.

MARCO CIARLO ASSOCIATI

Nato a Savona nel 1961, Marco Ciarlo si laurea in Architettura a Genova. Nel 1988 inizia l'attività sotto la direzione di Teobaldo Rossigno, collaborando ai corsi di progettazione presso la Facoltà con Giuliano Forno, Paolo Stringa e successivamente con Brunetto De Batté. Dal 1993 collabora con Fabrizio Melano e Giampiero Negro con cui fonda nel 2004 lo studio Marco Ciarlo Associati. Nel 2008 la casa editrice Librìa edita una monografia dedicata allo studio a cura di Giovanni Leoni. Agli inizi del 2012 Electa presenta "Architetture, Luoghi e Paesaggi. Marco Ciarlo Associati" di Marco Mulazzani con la prefazione di Francesco Dal Co.

Born in Savona in 1961, Marco Ciarlo graduated in architecture in Genoa. In 1988 he began working under Teobaldo Rossigno as assistant on design courses at the Genoa Faculty of Architecture with Giuliano Forno, Paolo Stringa, and, later, Brunetto De Batté. Since 1993 he has collaborated with Fabrizio Melano and Giampiero Negro, with whom he founded Marco Ciarlo Associates in 2004. In 2008, Giovanni Leoni published a monograph devoted to the studio's work (published by Librìa). In early 2012 Marco Mulazzani published the book Architetture, Luoghi e Paesaggi. Marco Ciarlo Associati (Architecture, places and landscapes. Marco Ciarlo Associati) with a preface by Francesco Dal Co (published by Electa).

DAMILANOSTUDIO ARCHITECTS

Nato a Cuneo da una famiglia di scultori, si interessa fin da bambino all'architettura sviluppando interesse per gli aspetti plastici e materici degli oggetti. Si laurea in Architettura presso il Politecnico di Torino nel 1988, relatore Roberto Gabetti. Nel 1989 inizia l'attività professionale come associato, e nel 1990 fonda lo studio di architettura Damilano, sviluppando la propria attività in collaborazione con artisti e designer, sia in Italia che all'estero. Persegue filoni di approfondimento compositivo e spaziale diversi; ricerca di segni puri per le case signorili, sperimentalismo delle forme negli edifici commerciali e industriali.

Born into a family of sculptors at Cuneo, he was drawn to architecture even as a very young boy, modelling shapes and valuing objects for their texture. He graduated in architecture from the Turin Polytechnic in 1988, his supervisor being Roberto Gabetti. In 1989 he began practising as a partner, and in 1990 set up the Damilano architectural practice, collaborating with artists and designers in Italy and abroad. He has gone into various lines of spatial and composition research; the quest for purity of line as applied to luxury accommodation; and experimentation with form in commercial and industrial buildings.

DIVERSERIGHESTUDIO

Si dedicano alla ricerca sul tema dell'abitazione collettiva con progetti realizzati e in corso di realizzazione; collaborano con istituzioni pubbliche e private occupandosi di sociologia urbana applicata al progetto e di sostenibilità ambientale e paesaggistica. Nel 2010 l'Istituto dei Beni Culturali ha selezionato alcuni loro edifici residenziali per E-R 2010, repertorio di qualità delle Architetture Contemporanee dell'Emilia-Romagna. Hanno esposto opere e progetti presso i Padiglioni Italiani alla XII Mostra Internazionale di Architettura della Biennale di Venezia (2010) e all'Esposizione Universale di Shanghai (2010).

Diverserighestudio works in the area of collective dwellings, with numerous completed projects and many in progress. It is active in both the public and private sectors, applying the principles of urban sociology, environmental sustainability, and landscape sustainability. In 2010, the Istituto dei Beni Culturali selected some of their residential buildings for the E-R 2010, a list of quality contemporary architecture compiled by Italy's Emilia-Romagna region. Diverserighestudio has exhibited at the XII Mostra Internazionale di Architettura at the Venice Biennale (2010) and at Universal Exhibition in Shanghai (Shanghai 2010).

FONTANATELIER

Luisa Fontana nasce a Zurigo (Svizzera), si laurea in Architettura con lode allo IUAV di Venezia e fonda il suo Atelier a Schio negli anni '90. Contribuisce come visiting professor con Università italiane ed estere. Le sue opere spaziano dal disegno industriale alle aree urbane, al settore residenziale, commerciale, scolastico, sociale e sanitario, religioso e militare: un' attività a tutto campo dove sostenibilità, innovazione, ricerca, multidisciplinarietà, tecnologia e creatività si fondono in un linguaggio architettonico unico. Le sue realizzazioni hanno ricevuto premi e riconoscimenti.

Luisa Fontana was born in Zurich. She graduated with honours in architecture from IUAV, Venice, and established her office in Schio (Vicenza, Italy) in the '90s. She is a visiting professor at Italian and international universities.
Her work spans industrial design, urban planning, residential, commercial, educational, social, health care, religious and military. In each of these diverse areas, sustainability, innovation, research, a multidisciplinary approach, technology and creativity come together in a single architectural language. Her work has received a range of awards and recognitions.

SANTO GIUNTA & PARTNERS

Architetto, PhD, docente presso la Facoltà di Architettura di Palermo. Nel 2006 espone alla X Mostra Internazionale d'Architettura, Biennale di Venezia. Nel 2008 vince il primo premio "Quadranti d'Architettura", Municipal Offices Castelvetrano. Nel 2009 è finalista alla Medaglia d'Oro all'Architettura Italiana e vince il primo "Premio Ance Catania". Nel 2010 espone alla XII Mostra Internazionale d'Architettura, Biennale di Venezia. È autore di pubblicazioni, tra cui L'architettura urbana dei CCR (2006), Nei luoghi del design (2008), Ipermoderno rutilante (2011), Tracce di un percorso (2012), Un percorso del fare (2012).

Giunta is an architect, PhD, and a lecturer at the Faculty of Architecture, Palermo. He exhibited in the Italian Pavilion at the tenth Venice Biennale in 2006. He won the 'Quadranti d'Architettura' prize for the Castelvetrano Municipal Offices in 2008. He was a finalist in the Medaglia d'Oro all'Architettura Italiana in 2009, and won the 2009 Architettura Ance Catania. He exhibited in the Italian Pavilion of the 12th Venice Biennale in 2010. His publications include: L'architettura urbana dei CCR (2006), Nei luoghi del design (2008), Ipermoderno rutilante (2011), Tracce di un percorso (2012), Un percorso del fare (2012).

RAIMONDO GUIDACCI

Raimondo Guidacci si laurea in Architettura nel 1995 presso lo IUAV di Venezia. Nel 1998 apre uno studio professionale a Torino. Svolge la sua attività professionale tra la Puglia, sua terra di origine, e il Piemonte, dove vive attualmente. Alcuni suoi lavori sono stati pubblicati su riviste specializzate e selezionati in premi di architettura, mostre e rassegne. Al momento si sta occupando del progetto di alcune case unifamiliari in Puglia e dell'ampliamento del cimitero di San Mauro Torinese.

Raimondo Guidacci graduated in architecture at the Venice IUAV. In 1998 he opened a professional practice at Turin. He alternates in his professional practice between his native Puglia and Piemonte where he now lives. Some of his works have been featured in specialist journals and awarded prizes in architecture, including certain exhibitions and shows. At present he is designing some single-family houses in Puglia and extending the cemetery at San Mauro Torinese.

GIANNI INGARDIA ARCHITETTO

Gianni Ingardia nasce a Catania e si laurea in Architettura a Palermo. Vive e lavora a Trapani dove apre il suo studio nel 2001. Dal 2006 approfondisce le tematiche inerenti l'architettura a risparmio energetico e si dedica alla sperimentazione di tecnologie Low Tech. Punta all'ottimale integrazione nell'architettura dei principi di funzionamento bioclimatico. Persegue il raggiungimento di un elevato comfort ambientale tramite sistemi passivi. Lo studio ha realizzato diversi progetti di edilizia residenziale privata ed ha al suo attivo il progetto della nuova Cantina Ottoventi alle pendici del Monte Erice, in provincia di Trapani.

Gianni Ingardia was born in Catania and graduated in Architecture in Palermo. He lives and works in Trapani, where he opened his office in 2001. Since 2006, he has been exploring energy-saving in architecture and has dedicated himself to experimenting with low-tech technologies. He has focused on the optimal integration of bioclimatic principles into architecture. He works to achieve the highest environmental comfort levels through passive systems. His firm has worked on numerous private residential buildings and has to its credit the design of the new Cantina Ottoventi on the slopes of Mount Erice, Trapani.

INGENIUM REAL ESTATE

Ingenium Real Estate S.p.A.è una realtà dinamica e ampiamente consolidata che offre servizi innovativi per il settore immobiliare. Nata riunendo l'esperienza maturata in oltre trent'anni di attività dai soci fondatori, si è strutturata componendo le performance di tipo creativo e tecnico con quelle della managerialità, amministrativa, legali e negoziali. I servizi offerti sono: Advisory/Design/Project-Construction. Architetto e docente universitario, Marco Tamino è attivo dal 1971 nella progettazione e nella gestione di progetti complessi che hanno portato alla realizzazione di numerose opere pubbliche e private di rilievo nazionale. Attualmente ricopre il ruolo di presidente della società.

Ingenium Real Estate SpA is a dynamic, well-established business that provides innovative real estate services. Bringing together the experience and expertise of its founding partners, the firm offers the creative and technical abilities, as well as the managerial, administrative, legal and negotiating skills. It provides consultancy, design, facility management, property, and construction and project management services. Architect and university lecturer, Marco Tamino has been involved in the planning and management of complex projects since 1971, including numerous public and private works of national importance. He is currently chairman of the company.

ORAZIO LA MONACA ARCHITETTO

Si laurea in Architettura a Palermo, e caratterizza la propria attività per l'attenzione allo studio dei materiali e all'utilizzo della luce nella definizione dello spazio. Premio di Architettura Ance Catania per un intervento di nuova costruzione (Castelvetrano 2009). Nel 2010 pubblica "Orazio La Monaca, opere e progetti", a cura di Luigi Prestinenza Puglisi, Edilstampa. Espone al "2010 European Prize for Urban Public Space", Barcellona, al XXIII Congresso Mondiale d'Architettura, Torino ed alla XII Biennale d'Architettura di Venezia. Ha realizzato oltre duecento progetti, specializzandosi in strutture alberghiere ed edifici pubblici in Italia e all'estero.

After graduating in architecture from Palermo university, Orazio La Monaca started up his first practice in 1990, showing a particular bent for studying materials and using light to define space. In 2009 he received the "Premio di Architettura Ance Catania". In 2010 the volume "Orazio La Monaca, works and plans" edited by Luigi Prestinenza Puglisi was published by Edilstampa Publishers. Works of his have figured in architecture exhibitions, including: "2010 European Prize for Urban Public Space" in Barcelona; 23rd World Architecture Congress in Turin; 12th Venice Architecture Biennale.

ADA MANGANO

Architetto e dottore di ricerca, nata a Catania nel 1973, si laurea in Architettura nel 2002 presso la Facoltà di Architettura dell'Università di Reggio Calabria con Fabio Ghersi e Renato Nicolini. È professore a contratto in Composizione Architettonica nel Laboratorio di Progetto 1 presso la Facoltà di Architettura dell'Università di Catania. Dal 2002 svolge attività di ricerca progettuale realizzando progetti di case unifamiliari e ristrutturazioni d'interni. Con "Casa De Luca" ottiene il Premio G.B. Vaccarini 2008 per la valorizzazione dell'architettura contemporanea in Sicilia - Quadranti d'Architettura, nella sezione opera prima.

Architect Ada Mangano, PhD, was born in Catania in 1973 and graduated in architecture in 2002 from the Reggio Calabria Faculty of Architecture with Fabio Ghersi and Renato Nicolini. She is adjunct professor of Architectural Design with 'Laboratorio Progetto 1' at the University of Catania Faculty of Architecture. Since 2002, she has been designing homes and interior renovations. Her design 'Casa De Luca' won the G.B. Vaccarini Prize in 2008 for its contribution to contemporary architecture in Sicily (Quadranti d'Architettura, first work category).

MCM

MCM (Mario Morganti, Gianfranco Cautilli, Renato Morganti) si occupa di progettazione architettonica e urbana coniugando la dimensione sperimentale con quella professionale. Progetta e realizza edifici pubblici e privati, partecipa a concorsi ed è attivo nel campo dell'interior design. Dall'inizio degli anni '80 pur non trascurando il nuovo orienta la propria attività nel campo del recupero di edifici civili, per il culto, complessi architettonici e spazi pubblici. Le opere sono state esposte in mostre e pubblicate in atti di convegno a carattere nazionale e internazionale, in monografie e riviste italiane e straniere.

MCM (Mario Morganti, Gianfranco Cautilli and Renato Morganti) is involved in architectural and urban design. While brining an experimental edge to its work, it designs and builds public and private buildings, participates in competitions and is active in the field of interior design. Since the early eighties, while it has not overlooked new builds, it has focused on restorations of civil buildings, places of worship, complexes and public spaces. Its designs have been featured at exhibitions as well as published in the proceedings of both national and international conferences, Italian monographs and journals, and in Italian and international magazines.

MDU ARCHITETTI

MDU architetti è uno studio di architettura fondato a Prato nel 2001 da Valerio Barberis, Alessandro Corradini e Marcello Marchesini cui si è in seguito aggiunto Cristiano Cosi. Tra le opere costruite: la Poolhouse Fioravanti a Prato, lo showroom RRS & Feng Lin a Shanghai, lo Showroom EsseBi ad Agliana, la "Contemporary Art Gallery" a Firenze, la nuova Biblioteca Comunale di Greve in Chianti, il Teatro di Montalto di Castro. Tra le opere in costruzione: la nuova sede della Camera di Commercio di Prato, il teatro di Acri - Cosenza, l' Italian Trade Center Città Italia a Quanjiao - Nanchino Cina, la galleria commerciale Metropolitan a Livorno.

MDU Architetti was established in Prato in 2001 by Valerio Barberis, Alessandro Corradini and Marcello Marchesini. Christian Cosi later joined the team. Among the firm's completed projects are Poolhouse Fioravanti in Prato, the RRS & Feng Lin showroom in Shanghai, the EsseBi Showroom in Agliana, the Contemporary Art Gallery in Florence, the new public library in Greve in Chianti, and the Theatre di Montalto in Castro. Projects currently under construction include the new Prato Chamber of Commerce, the Acri - Cosenza theater, the Italian Trade Center Città Italia in Quanjiao - Nanjing China, and the Metropolitan shopping mall in Livorno.

MFA ARCHITECTS

Fondato nel 2007 da Matteo Facchinelli, MFA è un gruppo di architetti, designer e paesaggisti attivi nei settori dell'architettura, dell'urbanistica e della ricerca. Tra i progetti selezionati e realizzati recentemente: Progetto vincitore per il nuovo centro tecnico comunale a Rixheim, Mulhouse, Francia; secondo posto per il concorso di 32 alloggi a Saint-Etienne per la Foncière Logement sempre in Francia; costruzione di una Mensa Aziendale a Brescia; terzo premio al concorso a inviti per la realizzazione di un complesso residenziale a Brescia; finalista al concorso di idee Cascina Merlata indetto dal Comune di Milano.

Set up in 2007 by Matteo Facchinelli, MFA is a group of architects, designers and landscape designers actively engaged in architecture, town-planning and research. Under the projects recently picked and completed: finalist in the Restricted Competition, phase 2, for 30 dwellings at St. Etienne; building a company canteen at Brescia; 3rd prize in the competition by invitation for a residential complex at Brescia; finalist in the ideas competition Cascina Merlata promulgated by the Milan municipality.

PARK ASSOCIATI

Fondato a Milano nel 2000 da Filippo Pagliani e Michele Rossi, Park Associati è uno studio di progettazione architettonica che opera a diverse scale d'intervento, realizzando progetti nei campi del terziario, della produzione e della residenza. Altrettanto rilevante nel lavoro dello studio è la progettazione d'interni. Lo Studio lavora alimentandosi con le suggestioni del contesto e ricercando nuove sperimentazioni tecnologiche, funzionali e formali in costante equilibrio e dialogo con l'ambiente, nella volontà di ricercare temi compostivi che coniughino identità locale e innovazione tecnologica.

Founded in Milan in 2000 by Filippo Pagliani and Michele Rossi, Park Associati is an architectural design studio involved in projects of various dimensions in the commercial, industrial and residential fields. An equally important part of the firm's work is interior design. The firm draws its inspiration from the project itself and the latest technological, functional and formal advances, which it maintains in a constant balance and dialogue with the environment, with the aim of bringing together local identity and technological innovation.

DIEGO PERUZZO

Laureato in Architettura a Venezia nel 1977, nel 1989 è finalista al Premio Architettura Andrea Palladio; nel 1996 e nel 2002 espone alla Mostra Internazionale di Architettura della Biennale di Venezia. Nel 2008 vince il premio Area. I suoi lavori sono pubblicati in "Diego Peruzzo Architetture 1996-2006" - Edizioni Industrialzone 2006; "AA.VV. Progetto Eloquente" - Marsilio 1981; "Diego Peruzzo - Cinque case" - Editoriale d'Architettura 1986; "Almanacco Casabella - Giovani architetti italiani 98/99" - Electa 1999; "50x50 Nuova architettura italiana, due generazioni a confronto" - Motta Ed. 2002

Peruzzo graduated in Architecture in Venice in 1977. In 1989 he was a finalist in the Andrea Palladio Architecture Award, and in 1996 and 2002 he exhibited at the International Architecture Exhibition at the Venice Biennale. His works have been featured in Diego Peruzzo Architecture 1996-2006 (Edizioni Industrialzone 2006, various authors), Progetto Eloquente (Marsilio 1981), Diego Peruzzo - Cinque case (Editoriale d'Architettura 1986), Almanacco Casabella - Giovani architetti italiani 98/99 (Electa 1999), 50x50 Nuova architettura italiana, due generazioni a confronto (Motta Ed. 2002).

PLANPROGETTI

Lo studio svolge attività di ricerca e di progettazione in ambito pubblico e privato. Numerosi lavori sono stati esposti in rassegne nazionali e pubblicati su riviste italiane e straniere.
Sergio delli Carri, Manfredonia 1964, laurea in Architettura, Firenze 1992.
Gaetano Gelsomino, Manfredonia 1962, laurea in Ingegneria edile, Napoli 1994.
Giuliana Granatiero, Foggia 1979, laurea in Architettura, Roma 2004.

Architectural programmes in public and private sector. Numerous projects have been featured in exhibitions in Italy and published in national and international reviews.
Sergio delli Carri: Born Manfredonia 1964, architecture graduate of Florence University in 1992.
Gaetano Gelsomino: Born Manfredonia 1962, construction engineering graduate of Naples University in 1994.
Giuliana Granatiero: Born Foggia 1979, architecture graduate of Rome University in 2004.

LORIS PRETO

Nasce a Schio (Vicenza) e si diploma presso l'Istituto L. e V. Pasini di Schio nel 1982. Dal 1987 è libero professionista. Nel biennio 1989-1990 è responsabile della direzione tecnica del Comune di San Vito di Leguzzano. Dal 1993 al 2003 è membro del consiglio direttivo del Collegio dei Geometri e costituisce il Gruppo Giovani Geometri che si occupa dell'inserimento e della formazione dei giovani tirocinanti e neo iscritti. Da sempre appassionato di edilizia ecologica e di utilizzo dei materiali naturali o ecocompatibili, ha partecipato a numerosi corsi e seminari sul tema.

Preto was born in Schio (Vicenza) and graduated from the L. e V. Pasini Institute in Schio in 1982. In 1987 he began his freelance career. Over 1989-90, he was in charge of technical management with the Municipality of San Vito di Leguzzano. From 1993 to 2003 he was a board member of the Board of Surveyors. He also set up a group for young surveyors, which looks after training and placement. Preto has always been interested in green buildings and the use of natural and environmentally friendly materials, and has attended numerous courses and seminars on the topic.

SARDELLINI MARASCA ARCHITETTI

Anita Sardellini si laurea a Roma nel 1970 e da allora svolge la professione di architetto realizzando edifici pubblici e privati. Nel 1986 fonda lo Studio Anita Sardellini cui nel 2006 si associano Andrea Marasca e Giorgio Marasca divenendo lo studio Sardellini Marasca Architetti. L'attività dello studio va dalla progettazione ex novo al restauro, dall'architettura del paesaggio all'interior design. È un punto di riferimento per programmi progettuali complessi e trasformazioni urbane di qualsiasi scala avvalendosi di un team di architetti ed ingegneri, oltre che di una rete di partner e consulenze specialistiche on site in Italia e in Europa.

Anita Sardellini has worked as an architect since she graduated in Rome in 1970, focusing on the design of both public and private buildings. In 1986 she established Studio Anita Sardellini. In 2006, Andrea Marasca and Giorgio Marasca joined as partners and the company reformed as Sardellini Marasca Architetti. The firm works on projects ranging from new builds to restorations, landscape architecture and interior design. It has set a benchmark for complex projects and urban renewal projects of any scale, with its team of architects and engineers, as well as a network of onsite partners and expert consultants in Italy and Europe.

MATTEO THUN & PARTNERS

Matteo Thun, architetto e designer, ha studiato presso l'Accademia di Salisburgo con Oskar Kokoschka e presso l'Università di Firenze. Con i partner Luca Colombo e Antonio Rodriguez, sviluppa progetti a livello internazionale nel campo dell'architettura e del design, secondo un approccio olistico. Lo studio è composto da un team di cinquanta professionisti, tra architetti, interior designer e grafici. La sostenibilità - economica, ecologica, estetica - e la ricerca di soluzioni durature è una costante nell'architettura dello studio Matteo Thun & Partners. Vince numerosi premi internazionali.

Matteo Thun is an architect and designer born in Bolzano. He studied at the Salzburg Academy under Oskar Kokoschka and at the University of Florence. With his partners, Luca Colombo and Antonio Rodriguez, he takes a holistic approach to international architecture and design projects. The studio comprises a team of fifty professionals, including architects, designers and graphic artists. Sustainability – economic, environmental, aesthetic – and the search for durable solutions are common denominators in the architecture created by Matteo Thun & Partners. The studio has won numerous international awards.

TISSELLISTUDIOARCHITETTI

tissellistudioarchitetti è fondato a Cesena nel 1998 da Filippo Tisselli, cui si affianca nel 2001 Cinzia Mondello. L'attività dello studio riguarda principalmente edilizia residenziale, architettura d'interni e design. L'organizzazione dello studio ha le dimensioni contenute tipiche della struttura di provincia, che offrono la possibilità di occuparsi "dall'interno" di tutti i passaggi del processo edilizio, dalla fase ideativo-progettuale a quella del cantiere, nello sforzo di aprire alla provincia il panorama dell'architettura internazionale.

"tissellistudioarchitetti" was established in Cesena, Italy, in 1998 by Filippo Tisselli. He was joined in 2001 by Cinzia Mondello. Since being established, the firm has mainly focused on residential building, and interior architecture and design. The studio has retained its small, typically provincial size, thereby making it possible to look after every stage of the building process internally, from the conceptual design phase to building. The aim is to open their local province to the panorama of international architecture.

GIORGIO VOLPE ARCHITETTO

Giorgio Volpe opera principalmente nel campo dell'edilizia residenziale e della riconversione di fabbricati esistenti. Grande attenzione progettuale è posta nello studio del rapporto fra spazio pubblico e privato, in particolare per la funzione degli spazi comuni di relazione, e nella ricerca di soluzioni tipologiche per determinare elevati gradi di qualità architettonica e spaziale negli ambienti. Dal 2005 approfondisce gli aspetti progettuali e realizzativi di fabbricati a basso consumo energetico e impatto ambientale, in particolare edifici con struttura prefabbricata in legno, con esempi realizzati a Bologna.

Giorgio Volpe is primarily involved in residential housing and designs for the conversion of existing buildings. His main focus is examining the relationship between public and private spaces, in particular in terms of the function of shared spaces, and developing reproducible solutions for achieving high degrees of architectural and spatial quality within different environments. Since 2005, he has been explored various aspects of the design and construction of low energy consumption/low environmental impact buildings, his work in particular involving prefabricated timber-framed buildings, with a number of examples constructed in Bologna.

ABOUT THE PLAN

THE PLAN is one of the most acclaimed architectural and design reviews on the Italian market and, thanks to its strong international approach, is among the most widely distributed and read magazines world-wide. THE PLAN's editorial philosophy is to provide in-depth understanding of architecture presenting key projects as information and learning tools, which are highly profitable for the professionals who read the magazine. Content quality is a prerequisite. Each project is prepared with the utmost attention, from the construction details through to images and graphic design.

www.theplan.it

Editor-in-Chief: NICOLA LEONARDI
Art Director: CARLOTTA ZUCCHINI
Text Editor: FRANCESCO PAGLIARI
Creative Director: RICCARDO PIETRANTONIO
Graphic & Editing: GIANFRANCO CESARI, GIANLUCA RAIMONDO
Editorial Staff: LAURA COCURULLO, MARIA MANCINI, ILARIA MAZZANTI, SILVIA MONTI, ALICE POLI
Administration: SERENA PRETI

A special thank to Francesco Pagliari and Alice Poli for their work at the on-line architecture review Italian Panorama

First published in Italy in 2012 by
Centauro Srl, via del Pratello 8, Bologna

ISBN: 978-88-85980-58-7

Printed and bound in Italy